Schach lernen - Schach für Anfänger

Dieses Buch widme ich meinen Eltern.
Eure Liebe ist das größte Geschenk auf dieser Welt.

Danke für alles, Euer Alexander.

Schach lernen - Schach für Anfänger

von Alexander Fischer

Bibliografische Information der Deutschen Nationalbibliothek
Die Deutsche Nationalbibliothek verzeichnet diese Publikation in der Deutschen Nationalbibliografie; detaillierte bibliografische Daten sind im Internet über http://dnb.dnb.de abrufbar.

ISBN   978-3-7386-3682-6

Herstellung und Verlag   BoD – Books on Demand, Norderstedt

Copyright   ©2022 Alexander Fischer, 3. Auflage

Homepage   www.schach-lernen.de
                                         forum.schach-lernen.de
                                         blog.schach-lernen.de
                                         wiki.schach-lernen.de
                                         shop.schach-lernen.de

Inhaltsverzeichnis

Inhaltsverzeichnis

Schach lernen - Schach für Anfänger

Wenn Sie als Anfänger Schach lernen wollen, möchte ich Ihnen mit diesem Buch "Schach lernen - Schach für Anfänger" die Grundkenntnisse des Schachspiels bzw. die Schachregeln verständlich erklären.

Viele glauben, dass das Schachspielen schwierig zu erlernen ist. Wenn man sich aber die wenigen Regeln des Schachspiels aneignet, merkt man, dass alles gar nicht so schwierig ist. Denn das Schachspielen ist nicht so schwer zu erlernen. Dieses Buch soll Sie ermutigen, mit dem Schachspielen zu beginnen. Sie werden nach dem Studieren des Buches die Schachregeln komplett beherrschen.

Alle Beispiele sind grafisch verständlich und übersichtlich aufgebaut. Jeder einzelne Zug der Schachfiguren wird im Diagramm dargestellt. Mit dieser Anleitung können Sie Schach verständlich erlernen.

Schach ist Sport

Schach fordert von einem Spieler alles ab. Schachspielen fördert Fähigkeiten wie Konzentrationsfähigkeit, Selbstdisziplin, Ausdauer und mathematisches Denken. Und es hat auch einen Wettkampfcharakter. Denn das Schachspiel kann man trainieren und sich dadurch verbessern.

"Schach ist Anregung und Freude zugleich. Es erzieht die Jungen und erfrischt die Alten. Der Schachsport fördert Fähigkeiten wie Konzentration, eine gute Beobachtungs- und Auffassungsgabe, Kombinationsvermögen und Ausdauer, Fähigkeiten also, die allgemein im Leben von Nutzen sind" (Bundespräsident a. D. Richard von Weizsäcker).

Ich bin überzeugt davon, dass Ihnen mit diesem Buch der Einstieg in das Schachspiel ganz leicht gelingen wird und wünsche Ihnen viel Spaß beim Erlernen des Schachspiels, dass auch als "Das Spiel der Könige" bezeichnet wird.

Um mit den Regeln leichter zurechtzukommen, sollte man ein Schachbrett aufstellen. Damit die Beispiele mit den zahlreichen leicht verständlichen Diagrammen noch verständlicher werden.

Das Schachbrett

Schach ist ein strategisches Brettspiel. Es wird von zwei Gegnern, auf einem sogenannten Schachbrett, dass eine quadratische Form hat, mit ebensolchen quadratischen Feldern, gespielt. Es sind auf jeder Seite acht Felder. Bei 8 x 8 sind es also 64 Felder. Die Felder sind abwechselnd Weiß (hell) und Schwarz (dunkel).

Das Schachbrett - Bezeichnung der einzelnen Felder

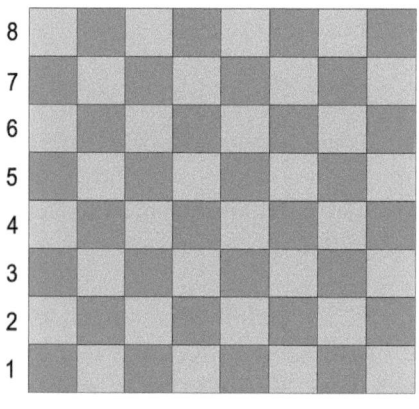

Am Schachbrettrand stehen Buchstaben und Zahlen. Auf der linken Seite stehen neben den acht Feldern Zahlen. Sie werden von 1 bis 8 durchnummeriert.

Auf der unteren Seite stehen unter den acht Feldern Buchstaben. Sie werden von a bis h bezeichnet.

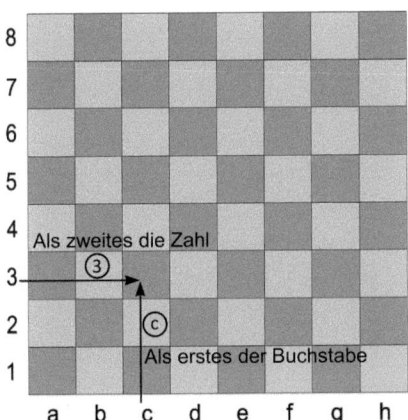

Um die Felder auf dem Schachbrett zu bezeichnen, wird als erstes der Buchstabe der unter dem Feld steht genommen und dann die Zahl die links vom Feld steht genommen. Also, immer zuerst der Buchstabe, dann die Zahl.

Es gibt also immer nur ein Feld, dass auf der Buchstabenseite z.B. „c" und auf der Zahlenseite z.B. „3" liegt. Das wäre das Feld c3. Somit hat jedes Schachfeld seine Bezeichnung.

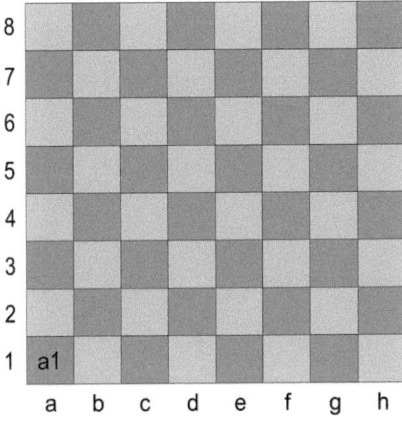

Beispiel:
Das Feld links unten wird als a1 bezeichnet.

8	a8	b8	c8	d8	e8	f8	g8	h8
7	a7	b7	c7	d7	e7	f7	g7	h7
6	a6	b6	c6	d6	e6	f6	g6	h6
5	a5	b5	c5	d5	e5	f5	g5	h5
4	a4	b4	c4	d4	e4	f4	g4	h4
3	a3	b3	c3	d3	e3	f3	g3	h3
2	a2	b2	c2	d2	e2	f2	g2	h2
1	a1	b1	c1	d1	e1	f1	g1	h1
	a	b	c	d	e	f	g	h

Jedes Feld mit seiner Bezeichnung.

Dies ist für die Notation der Züge wichtig. Dazu später mehr.

Reihen, Linien, Diagonalen und deren Bezeichnung

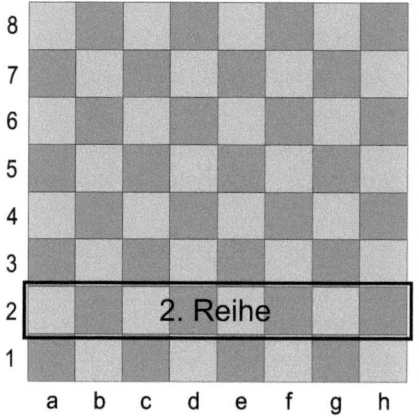

Die waagerechten Zeilen auf dem Schachbrett werden Reihen genannt. Das Schachbrett besteht aus acht Reihen. Die 1. Reihe ist die unterste, die 8. Reihe die oberste. Sie gehen also vom linken Schachbrettrand, dort wo die Zahl steht, zum rechten Schachbrettrand, vom Spieler unten aus gesehen. Es sind also immer acht Felder. Hier zum Beispiel ist es die 2. Reihe (a2 – h2).

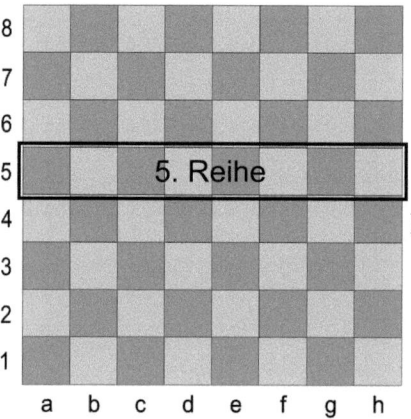

Hier ist es die 5. Reihe (a5 – h5).

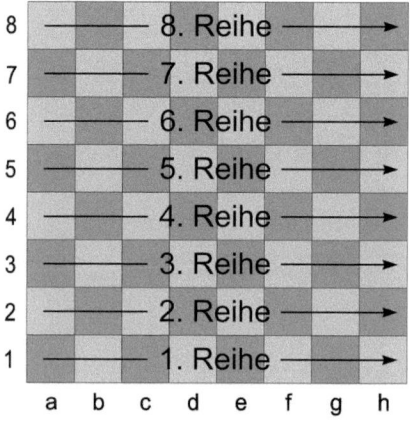

Alle Reihen mit ihrer Bezeichnung.

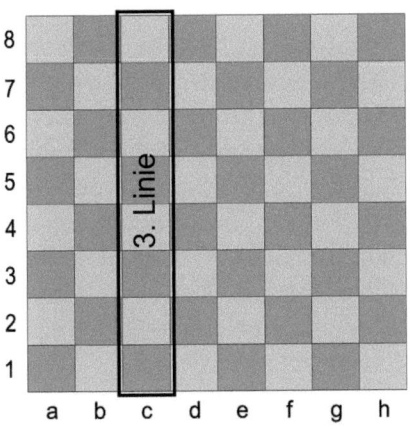

Die senkrechten Zeilen auf dem Schachbrett werden Linien genannt. Das Schachbrett besteht wie die Reihen auch aus acht Linien. Die 1. Linie ist die erste von links, die 8. Linie die ganz rechts. Sie gehen also vom unteren Schachbrettrand zum oberen Schachbrettrand, vom Spieler unten aus gesehen. Es sind also immer acht Felder. Hier zum Beispiel ist es die 3. Linie (c1 – c8).

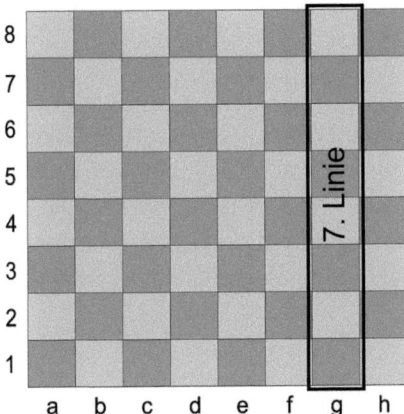

Hier ist es zum Beispiel die 7. Linie (g1 – g8).

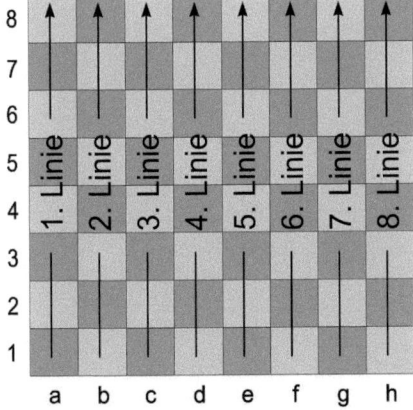

Alle Linien mit ihrer Bezeichnung.

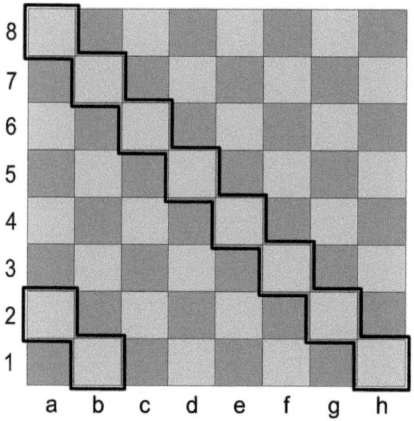

Das Schachbrett besteht auch aus diagonalen (schrägen) Feldern. Die Diagonalen sind eine durchgehende Aufeinanderfolge von Feldern gleicher Farbe. Also entweder weiße oder schwarze Felder. Von einer Seite des Schachbrettrandes bis zur anderen Seite des Schachbrettrandes. Die längste Schachbrettdiagonale hat acht Felder, die kürzeste hat zwei Felder.

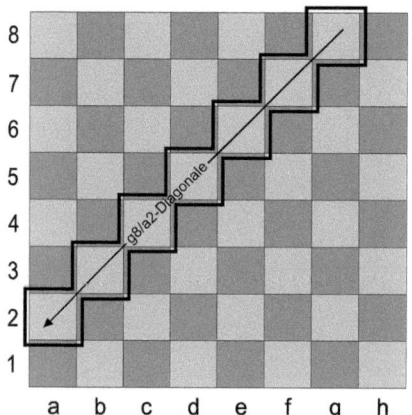

Hier zum Beispiel die weißen Felder. Und wie nennt man nun solch eine Diagonale? Vom Ausgangsfeld, z.B. g8, bis zum Zielfeld, z.B. a2, wird also dann als g8/a2-Diagonale bezeichnet.

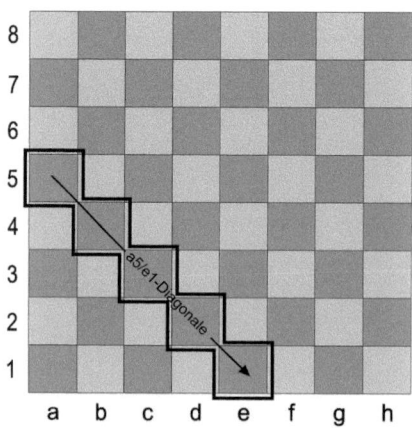

Hier die schwarzen Felder.
Das Ausgangsfeld ist a5. Die Diagonale wird als a5/e1 bezeichnet.

Das Schachbrett richtig legen

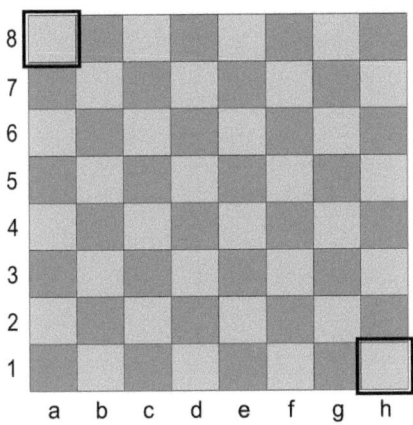

Das Schachbrett wird so gelegt, dass auf der Seite vor einem Spieler, also am oberen und unteren des Schachbrettes, rechts unten vom Schachbretteck ein weißes Feld ist. Die Felder h1 und a8 sind also immer Weiß.

Sollte ein schwarzes Feld rechts unten sein, wurde das Schachbrett falsch gelegt.

Die Schachfiguren

Insgesamt gibt es 32 Figuren. Jeder Spieler hat 16 Figuren. Der eine Spieler hat weiße, der andere Spieler schwarze Figuren. Darunter sind 6 verschiedene Figurentypen mit unterschiedlicher Anzahl.

Man hat folgende Figurentypen:
Bauer, Turm, Springer, Läufer, Dame und König.

    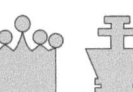

Die Figurentypen haben folgende Anzahl an Figuren:

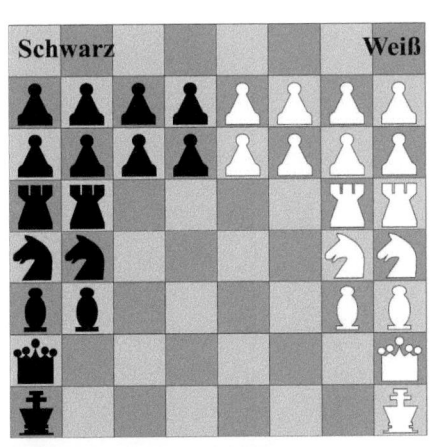

8 Bauern	8 Bauern
2 Türme	2 Türme
2 Springer	2 Springer
2 Läufer	2 Läufer
1 Dame	1 Dame
1 König	1 König

Die Grundstellung

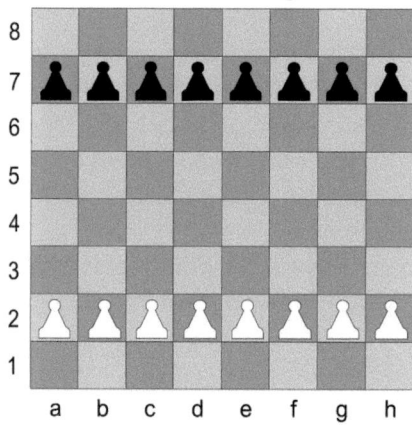

Die Grundstellung der Schachfiguren ist vor jedem Spiel dieselbe. Von Weiß aus-gesehen, werden die Bauern in der zweiten Reihe von a2 bis h2 aufgestellt. Die schwarzen Bauern stehen auf der siebten Reihe von a7 bis h7.

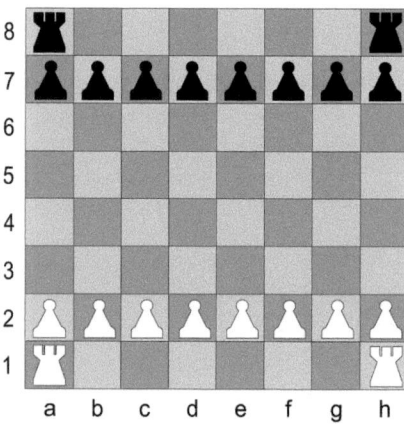

Die erste Reihe und die achte Reihe, vom Spieler aus unten gesehen, werden auf dem Schachbrett als Grundreihe bezeichnet.

Links und rechts am Rand in der ersten Reihe, also auf a1 und h1, stehen die weißen Türme (Turmform) und auf der achten Reihe, a8 und h8, die schwarzen Türme.

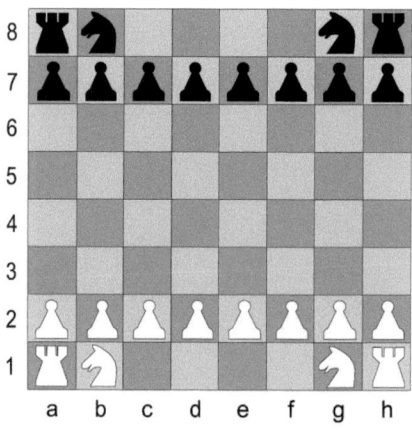

Die weißen Springer (Pferdekopfform) werden zu Beginn des Spiels auf dem Feld b1 und g1, die schwarzen Springer auf b8 und g8 aufgestellt.

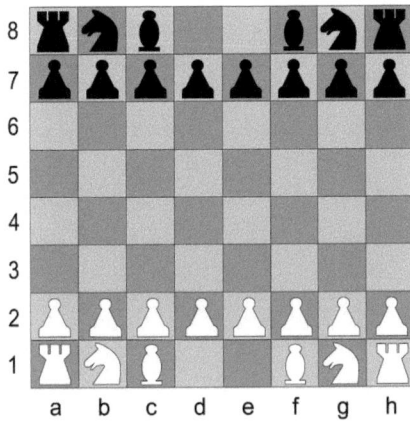

Jeder Spieler hat zwei Läufer. Sie stehen auf den Feldern c1 (schwarzes Feld) und f1 (weißes Feld), sowie c8 (weißes Feld) und f8 (schwarzes Feld). Somit hat jeder einen Läufer, der auf den weißen Feldern und einen Läufer, der auf den schwarzen Feldern ziehen kann.

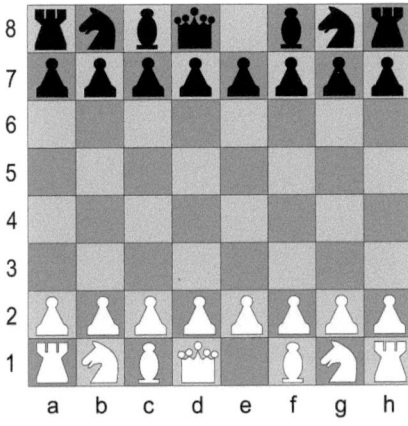

Die weiße Dame steht auf dem Feld d1, der eigenen Farbe – weißes Feld, die schwarze Dame auf dem Feld d8, auch der eigenen Farbe – schwarzes Feld.

Es gibt eine Regel für die Damen: "Weiße Dame auf weißem Feld, schwarze Dame auf schwarzem Feld."

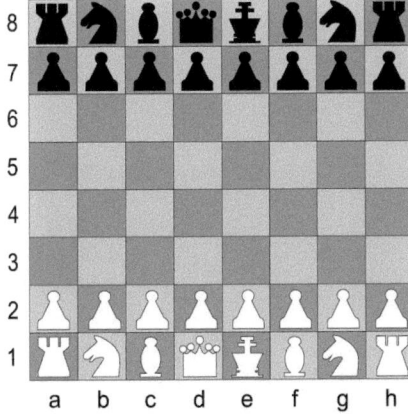

Auf dem letzten freien Feld e1 in der ersten Reihe wird der weiße König (der König ist die größte Figur), in der achten Reihe auf Feld e8 der schwarze König aufgestellt.

Das ist die Grundstellung.

Damen- und Königsflügel

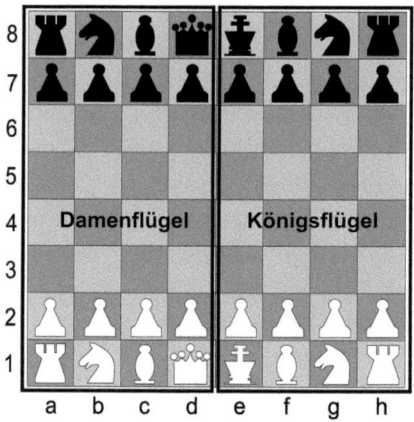

Die Linien von a1 - a8, b1 - b8, c1 - c8 und d1 – d8 werden als Damenflügel (dort wo die Dame in der Grundstellung steht, nach links) und die Linien von e1 – e8, f1 - f8, g1 - g8 und h1 - h8 werden als Königsflügel (dort wo der König in der Grundstellung steht, nach rechts) bezeichnet. Die Figuren rechts vom König werden dann auch als Königsläufer, Königsspringer und Königsturm bezeichnet. Ebenso die Figuren links von der Dame. Sie werden als Damenläufer, Damenspringer und Damenturm bezeichnet.

Man merkt sich:
Die Figuren müssen sich auf dem Schachbrett genau gegenüberstehen.

Weiße Dame auf weißem Feld, schwarze Dame auf schwarzem Feld.

Es wird vorher ausgelost wer mit Weiß beginnt. Der Spieler mit den weißen Figuren eröffnet immer die Schachpartie. Er zieht die Figur vom Ausgangsfeld auf das Zielfeld. Dann zieht Schwarz, dann wieder Weiß, also das beide Spieler immer abwechselnd ziehen.

Es besteht immer Zugpflicht, aussetzen ist nicht erlaubt. Es besteht aber keine Schlagpflicht.

Der König

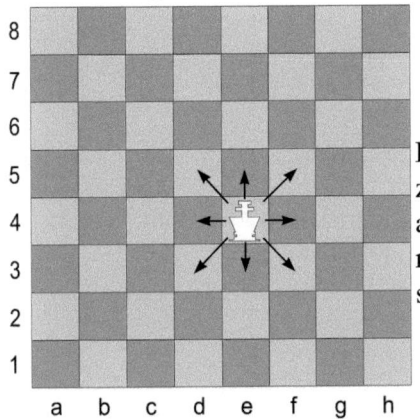

Der König darf immer nur ein Feld ziehen. Dafür aber in jede Richtung, also waagerecht, senkrecht oder diagonal. Der König darf keine Figuren überspringen.

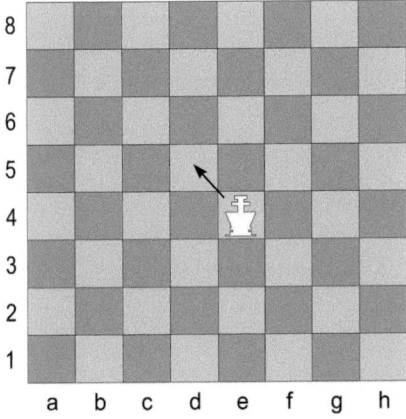

Der König zieht vom Feld e4 ..

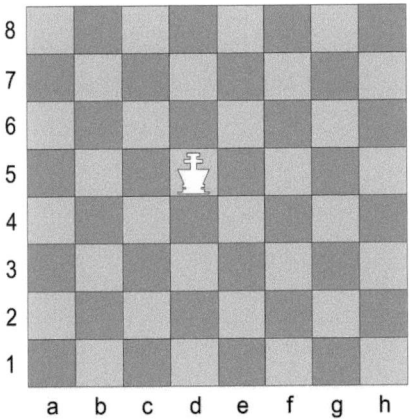

.. auf das Feld d5.

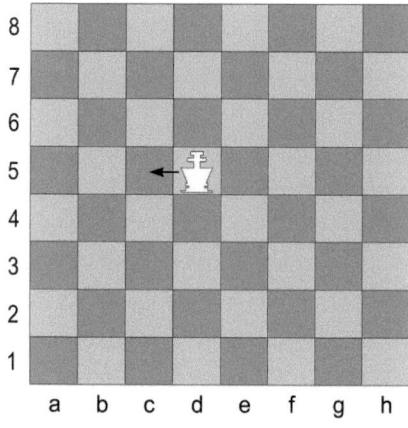

Der König zieht weiter vom Feld d5 ..

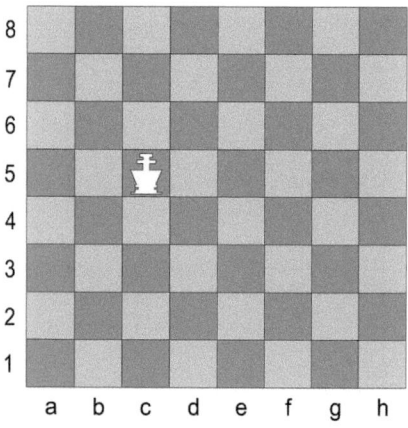

... auf das Feld c5.

Man merkt sich:
Der König ist die wichtigste Figur im Schachspiel. Man muss verhindern, dass der eigene König matt gesetzt wird. Sonst hat man das Schachspiel verloren.

Die Dame

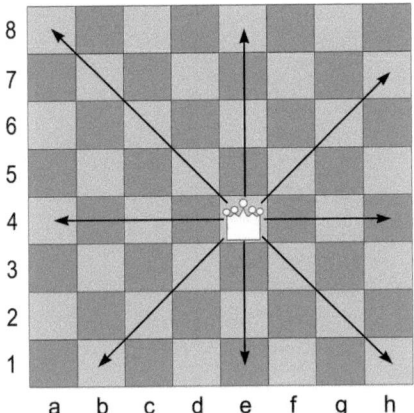

Die Dame ist eine Schwerfigur. In der Grundstellung steht die weiße Dame auf dem Feld d1 und die schwarze Dame auf dem Feld d8.

Die Dame darf in jede Richtung - waagerecht, senkrecht oder diagonal - ziehen. Somit kann sie mehrere Felder auf einmal ziehen und auch auf ein beliebiges Feld ziehen. Sie kann alle Felder des Schachbretts erreichen. Die Dame darf keine Figuren überspringen.

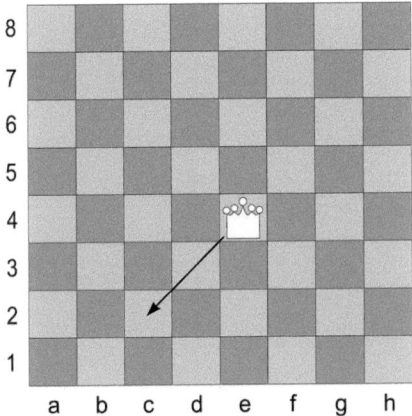

Die Dame zieht vom Feld e4 ..

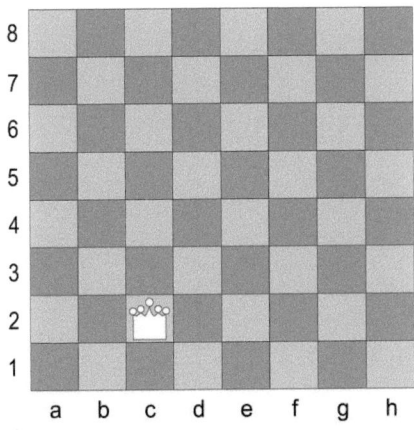

.. auf das Feld c2.

Die Dame

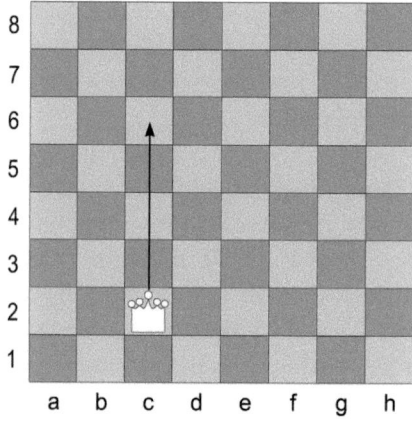

Die Dame zieht weiter vom Feld c2 ..

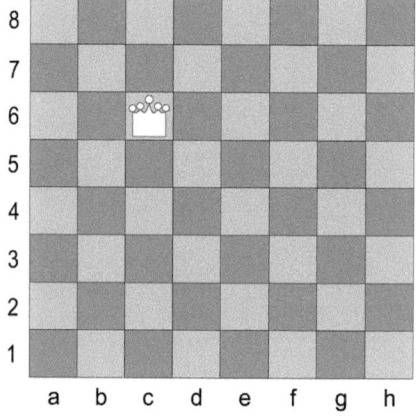

.. auf das Feld c6.

Man merkt sich:
Die Dame ist die stärkste Figur mit den meisten Zugmöglichkeiten.

Der Turm

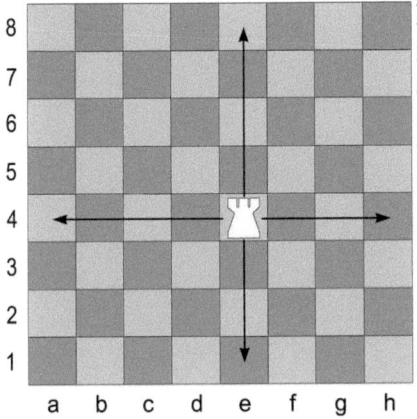

In der Grundstellung stehen die Türme in der Ecke, Weiß a1 und h1, Schwarz a8 und h8. Der Turm gehört zu den Schwerfiguren.

Der Turm zieht waagerecht auf den Reihen und senkrecht auf den Linien. Er darf auch rückwärtsziehen. Somit kann er mehrere Felder auf einmal ziehen und auch auf ein beliebiges Feld ziehen. Damit kann er alle Felder des Schachbretts erreichen. Der Turm darf keine Figuren überspringen.

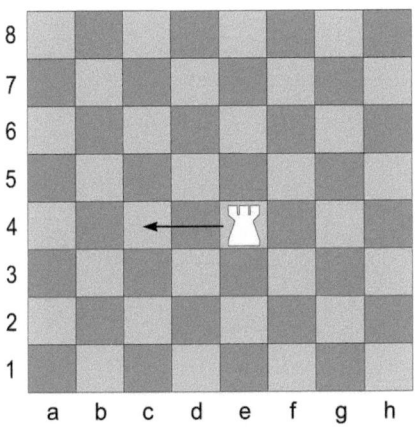

Hier zieht der Turm waagerecht vom Feld e4 ..

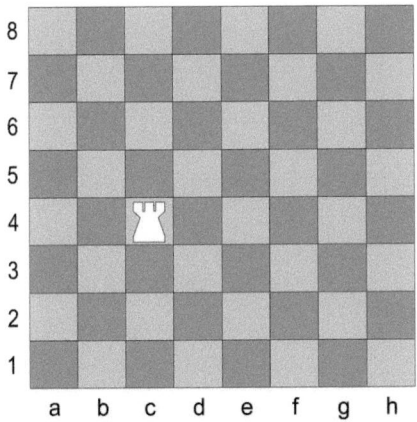

.. auf das Feld c4.

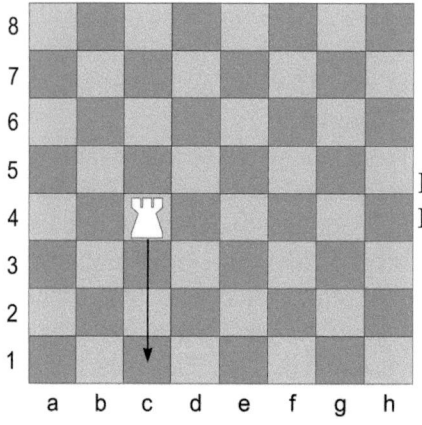

Der Turm zieht senkrecht weiter vom Feld c4 ..

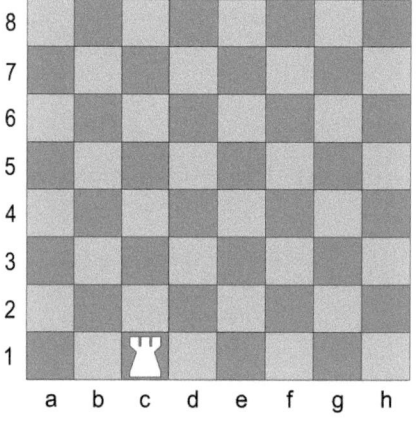

.. auf das Feld c1.

Man merkt sich:

Der Turm beherrscht die senkrechten und waagerechten Felder.

Der Läufer

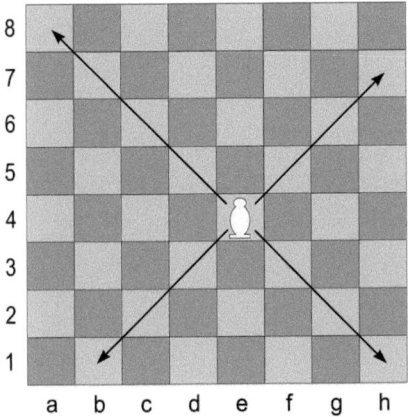

Der Läufer ist eine Leichtfigur. In der Grundstellung stehen die weißen Läufer auf den Feldern c1 und f1, die schwarzen Läufer auf den Feldern c8 und f8. Der Läufer darf nur diagonal ziehen. Er darf auf denselben diagonalen vorwärts und rückwärts ziehen. Er kann mehrere Felder auf einmal ziehen und auch auf ein beliebiges Feld ziehen. Der Läufer darf keine Figuren überspringen.

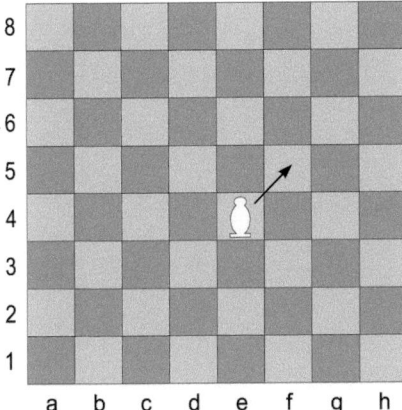

Der Läufer, der auf einem weißen Feld steht, kann nur auf weiße Felder ziehen.

Der weißfeldrige Läufer zieht vom Feld e4 ..

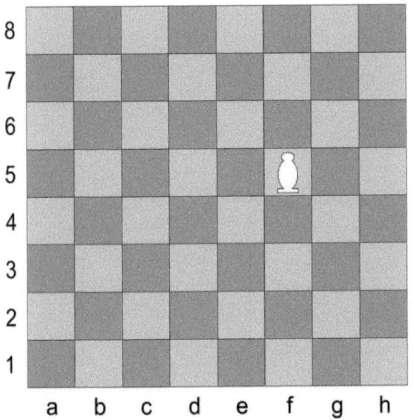

.. auf das Feld f5.

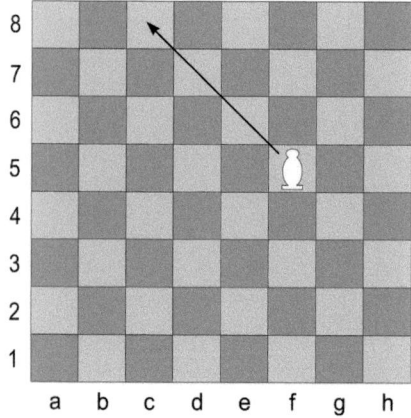

Der weißfeldrige Läufer zieht weiter vom Feld f5 ..

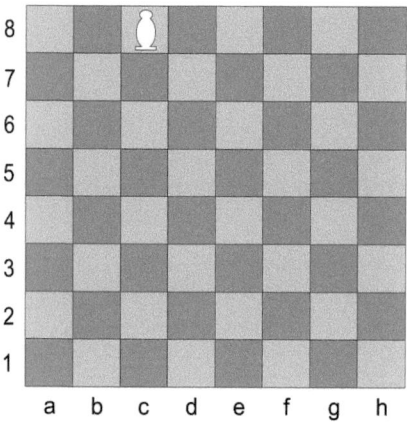

.. auf das Feld c8.

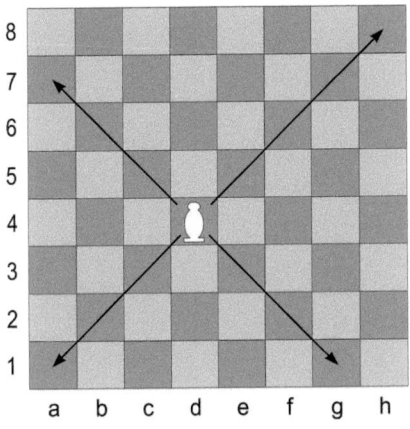

Der Läufer, der auf einem schwarzen Feld steht, kann nur auf schwarze Felder ziehen.

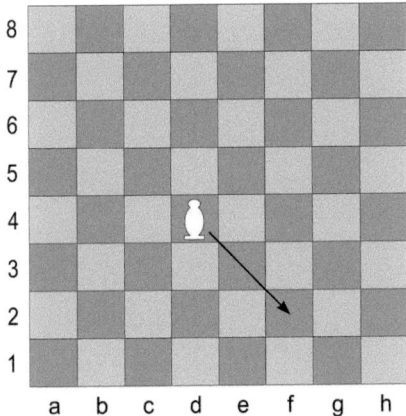

Der schwarzfeldrige Läufer zieht vom Feld d4 ..

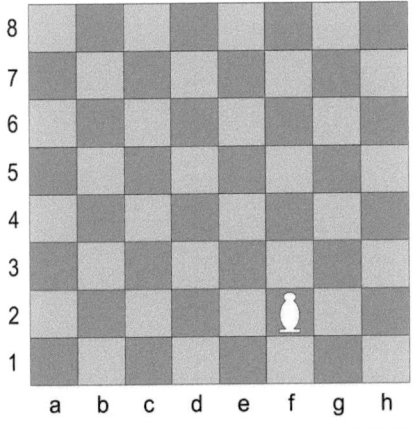

.. auf das Feld f2.

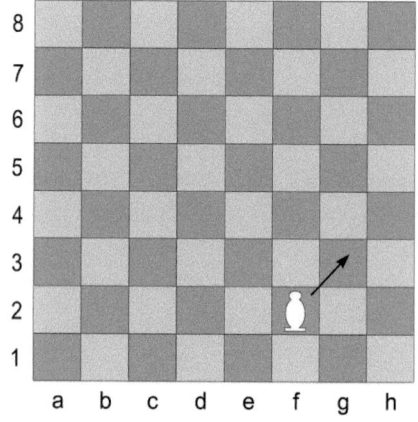

Der schwarzfeldrige Läufer zieht weiter vom Feld f2 ..

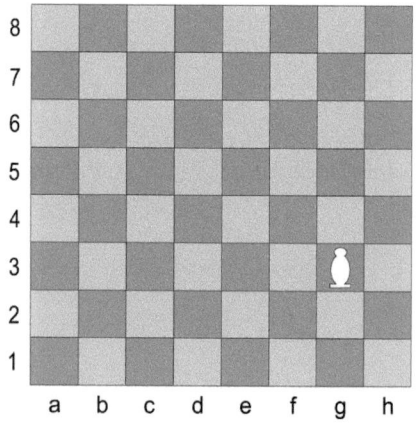

.. auf das Feld g3.

Man merkt sich:
Die Läufer können ihre Feldfarbe nicht wechseln und müssen auf der gleichen Farbe der diagonalen Felder bleiben.

Der Springer

Der Springer (auch Pferd genannt) ist wie der Läufer eine Leichtfigur. In der Grundstellung stehen die Springer auf den Feldern b1 und g1 (Weiß) und b8 und g8 (Schwarz).

Das Besondere am Springer ist, dass er als einzige Schachfigur über eigene und gegnerische Figuren ziehen (springen) kann.

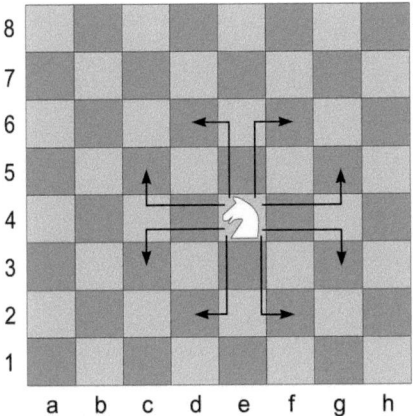

Der Springer zieht zwei Felder waagerecht und dann ein Feld senkrecht. Er kann auch zwei Felder senkrecht und dann ein Feld waagerecht ziehen.

Nach jedem Zug wechselt die Feldfarbe. Stand der Springer auf einem weißen Feld, so steht er nach dem Zug auf einem schwarzen Feld. Umgekehrt zieht er von einem schwarzen Feld auf ein weißes Feld.

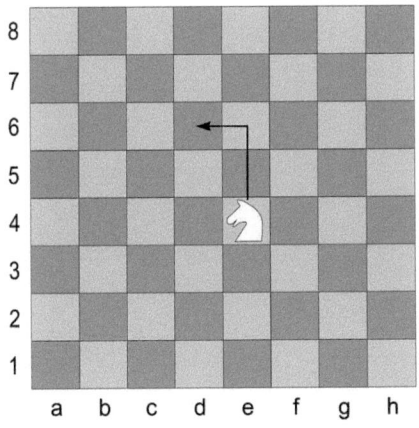

Der Springer zieht vom Feld e4 ..

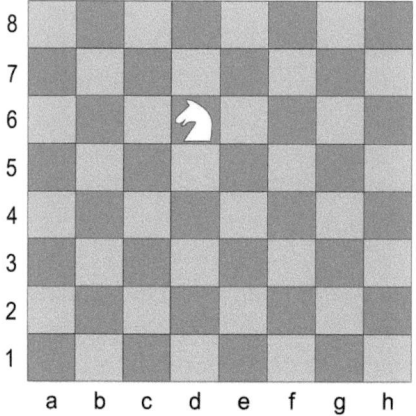

.. auf das Feld d6.

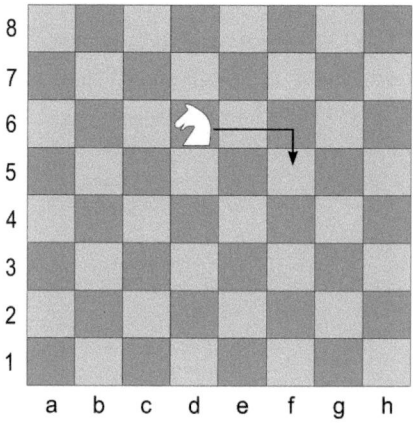

Der Springer zieht weiter vom Feld d6 ..

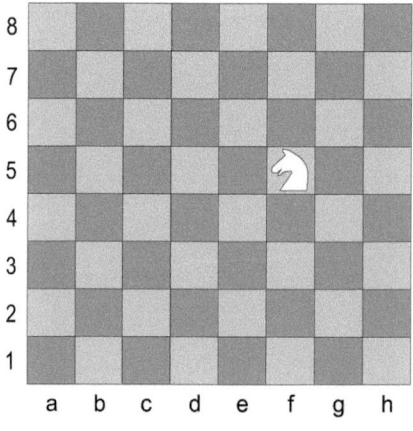

.. auf das Feld f5.

Man merkt sich:
Der Springer zieht zwei Felder in eine Richtung und dann ein Feld zur Seite (sogenannter Rösselsprung).
Der Zug sieht wie ein L aus.

Der Bauer

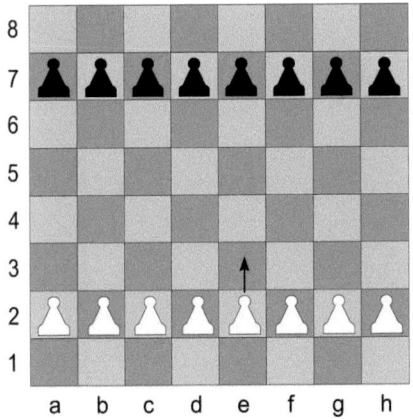

Jeder Spieler hat zu Beginn acht Bauern.

Im Unterschied zu den anderen Figuren kann der Bauer nicht rückwärts, sondern nur nach vorne ziehen.

Der Bauer kann pro Zug nur ein Feld nach vorne ziehen.

Der Bauer zieht vom Feld e2 ..

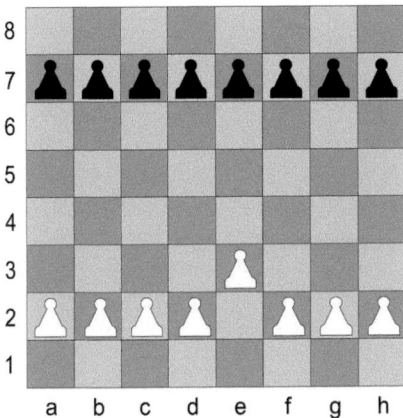

.. ein Feld vor nach e3.

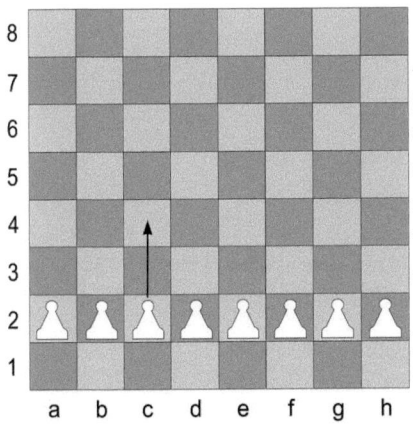

Ausnahme: Wurde der Bauer noch nicht gezogen und befindet sich somit noch in der Grundstellung (Ursprungsfeld, Weiß a2 - h2, Schwarz a7 – h7), kann er auch zwei Felder vorziehen. Sofern das Feld vor ihm und das Zielfeld nicht besetzt sind.

Der Bauer zieht von der Grundstellung vom Feld c2 ..

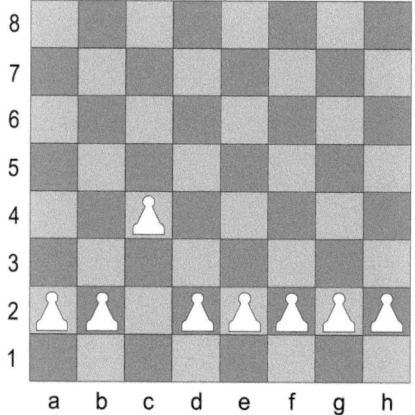

.. zwei Felder vor auf das Feld c4.

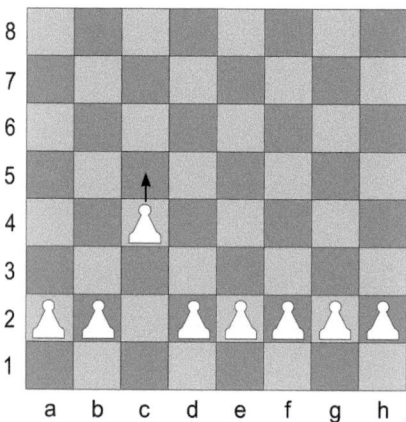

Der Bauer kann danach nur ein Feld wieder nach vorne ziehen. Der Bauer zieht weiter vom Feld c4 ..

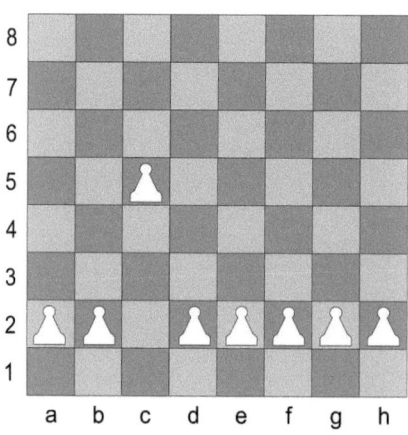

.. ein Feld vor nach c5.

So sieht das Schachbrett nach den Zügen des Bauern aus.

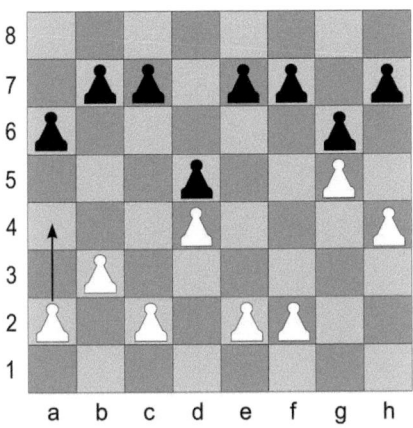

Der Bauer zieht von seiner Grundstellung zwei Felder vor. Vom Feld a2 nach Feld a4.

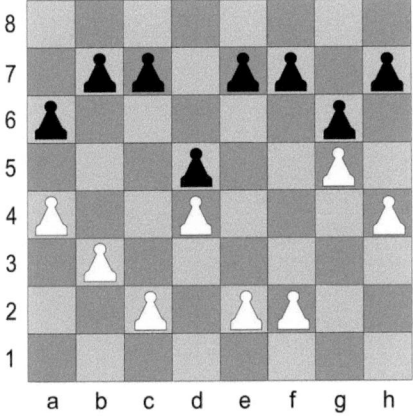

Der Bauer ist auf das Feld a4 gezogen.

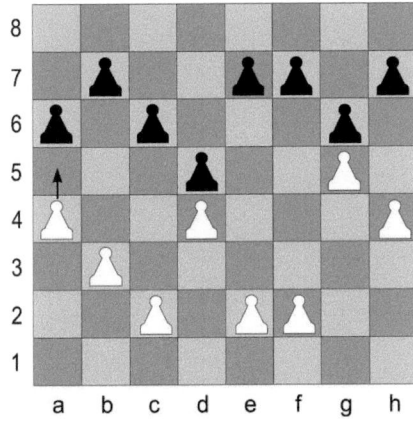

Der Bauer zieht weiter vom Feld a4 nach Feld a5. Nachdem der Gegner zuvor gezogen hat (c7 nach c6).

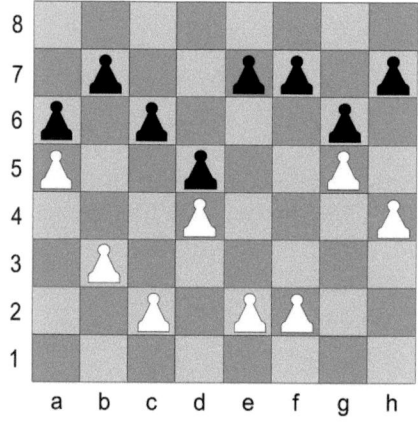

So sieht das Schachbrett nach den Zügen des Bauern aus.

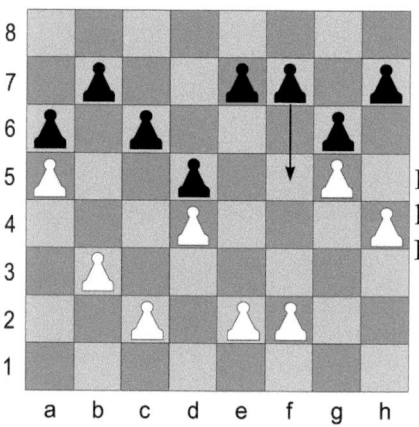

Der Bauer zieht von seiner Grundstellung zwei Felder vor. Vom Feld f7 nach Feld f5.

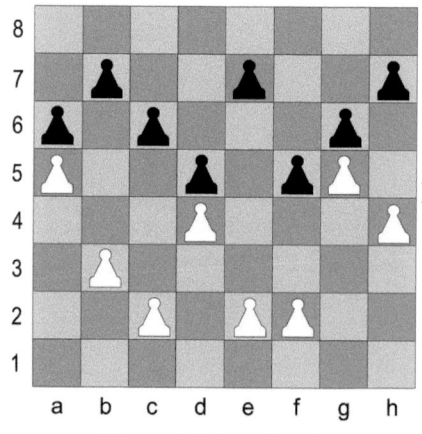

Der Bauer ist auf das Feld f5 gezogen.

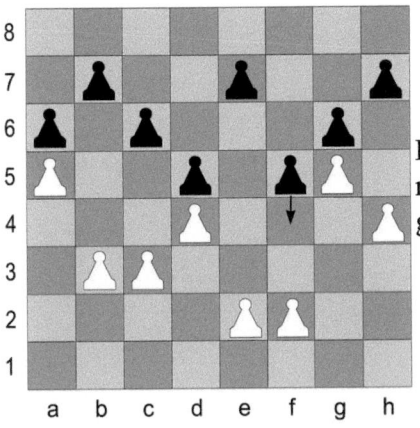

Der Bauer zieht weiter vom Feld f5 nach Feld f4. Nachdem der Gegner gezogen hat (c2 nach c3).

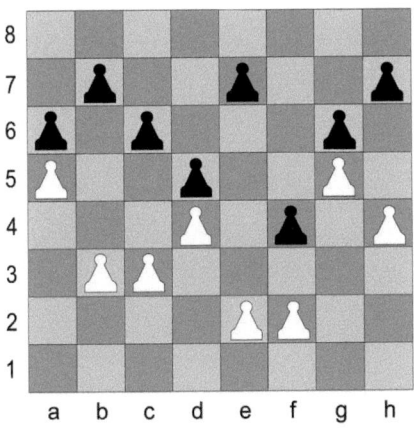

So sieht das Schachbrett nach den Zügen des Bauern aus.

Man merkt sich:
Der Bauer kann pro Zug nur ein Feld nach vorne ziehen.

Befindet sich der Bauer noch in der Grundstellung, kann er auch zwei Felder vorziehen. Danach kann er nur ein Feld nach vorne ziehen.

Der Wert der Figuren

Der Wert der einzelnen Figuren in Bauern:

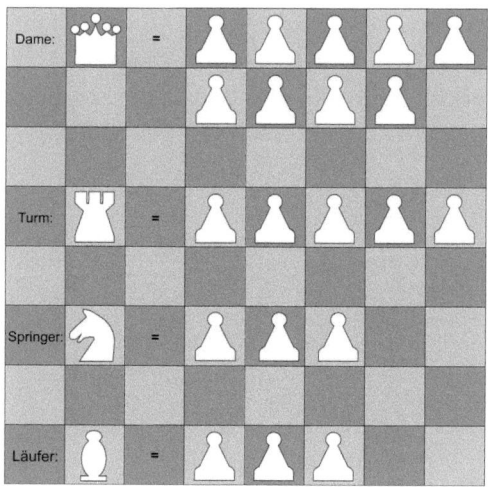

Der König kann nicht mit Bauern bewertet werden, da er ja nicht eingetauscht werden kann. Und ein Bauer ist natürlich nur einen Bauer Wert.

Der Wert der Figuren untereinander. Man kann die Figuren nicht nur mit den Bauern bewerten, sondern auch mit den anderen Figuren.

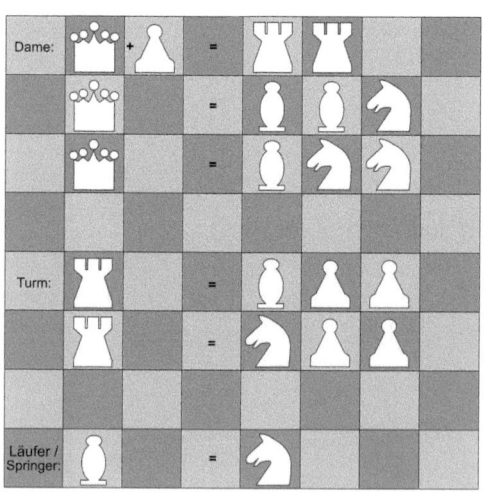

Als Beispiel: Verliert man seinen Turm (5 Bauern wert) und schlägt einen Springer (3 Bauern wert) hat man zwei Bauern verloren. D. h., der Gegner hätte theoretisch zwei Bauern mehr auf dem Schachbrett.

Das Schlagen der Figuren

Figuren von der eigenen Farbe, z. B. Weiß, können nicht geschlagen werden. Auf jedem Feld kann immer nur eine Figur stehen. Dadurch schränken die eigenen und die gegnerischen Figuren den Bewegungsspielraum ein.

Ist das Feld von einer eigenen Figur besetzt, endet der Zug ein Feld davor. Ausnahme: Der Springer zieht über die eigene Figur hinweg. Ist das Feld jedoch von einer gegnerischen Figur besetzt, kann man sie schlagen und die gegnerische Figur wird vom Brett genommen. Ausnahme: Der König darf auf kein Feld ziehen, dass vom Gegner bedroht wird. Es herrscht aber kein Schlagzwang.

Die Figuren können sich während eines Schachspiels nicht so frei bewegen wie auf einem leeren Schachbrett.

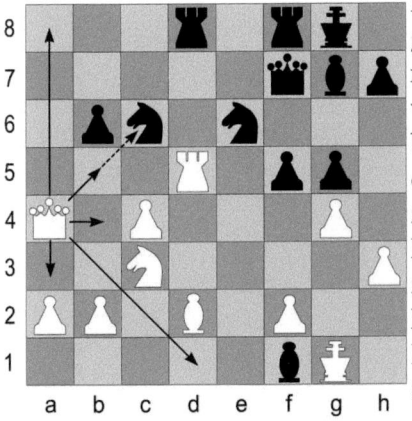

Die weiße Dame auf Feld a4 kann waagerecht auf das Feld b4 ziehen. Weiter nach rechts kann die Dame nicht ziehen, weil der eigene Bauer das Feld auf c4 besetzt. Senkrecht kann die Dame auf die Felder a5 – a8 und auf das Feld a3 ziehen. Ein weiterer eigener Bauer auf Feld a2 behindert die Dame am weiterziehen. Diagonal kann die Dame auf die Felder b3, c2, d1 und b5 ziehen. Die Dame könnte aber auch den schwarzen Springer auf Feld c6 schlagen.

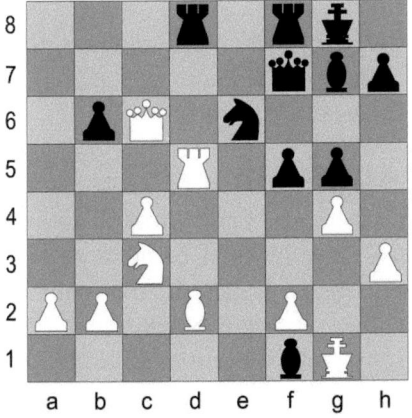

Die weiße Dame zieht vom Feld a4 auf das Feld c6 und schlägt den schwarzen Springer.

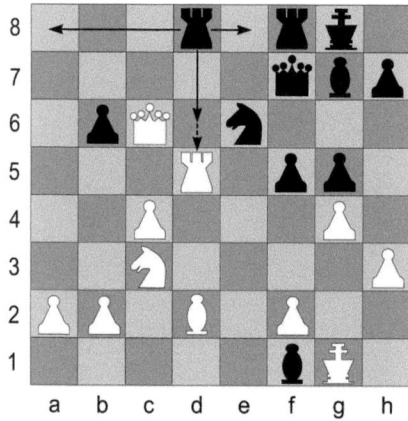

Der schwarze Turm auf Feld d8 kann waagerecht auf die Felder c8 – a8 und e8 ziehen. Weiter nach rechts kann der Turm nicht ziehen, weil der eigene Turm das Feld auf f8 besetzt. Senkrecht kann der Turm auf die Felder d7 – d6 ziehen. Der Turm könnte aber auch den weißen Turm auf Feld d5 schlagen.

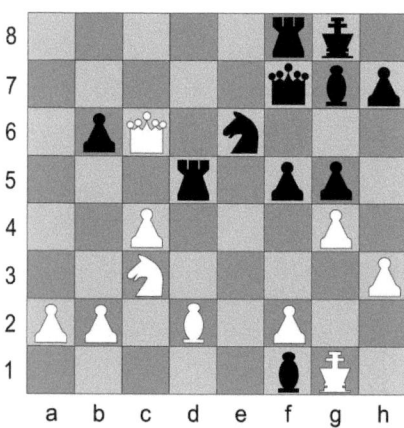

Der schwarze Turm zieht vom Feld d8 auf das Feld d5 und schlägt den weißen Turm.

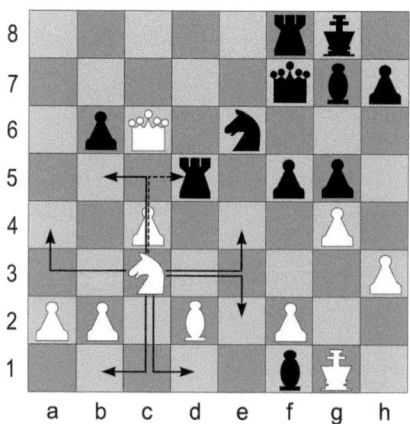

Man merkt sich:
Man darf nicht über die eigenen oder die gegnerischen Figuren springen. Ausnahme: Der Springer.

Der Springer auf Feld c3 kann auf die Felder a4, b1, d1, e2, e4 und b5 ziehen. Auf das Feld a2 kann er nicht ziehen, weil der eigene Bauer das Feld auf a2 besetzt. Der Springer könnte aber auch den schwarzen Turm auf Feld d5 schlagen.

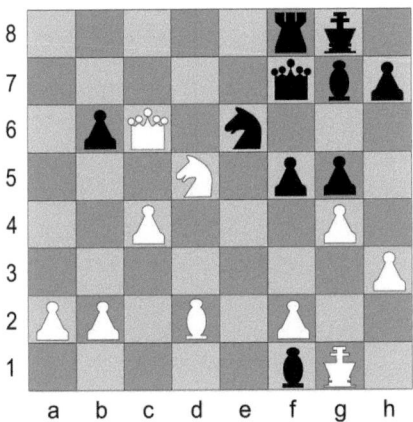

Der Springer zieht vom Feld c3 auf das Feld d5 (ist über einen eigenen Bauer gezogen) und schlägt den schwarzen Turm.

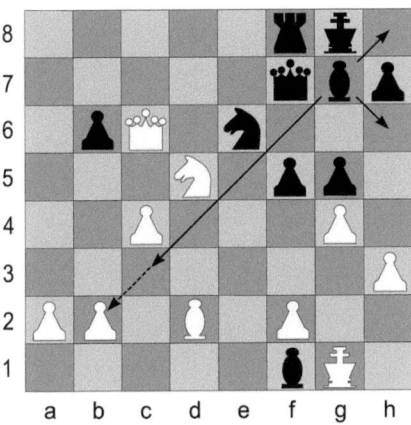

Der schwarze Läufer auf Feld g7 kann diagonal auf die Felder h6 und h8 ziehen. Auf das Feld f8 kann der Läufer nicht ziehen, weil der eigene Turm das Feld besetzt. Weiter kann er auf die diagonalen Felder f6, e5, d4 und c3 ziehen. Der schwarze Läufer könnte aber auch den weißen Bauer auf Feld b2 schlagen.

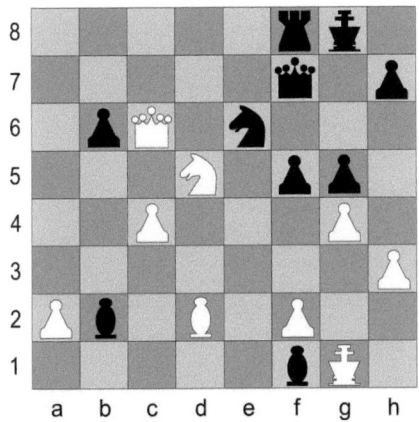

Der schwarze Läufer zieht vom Feld g7 auf das Feld b2 und schlägt den weißen Bauer.

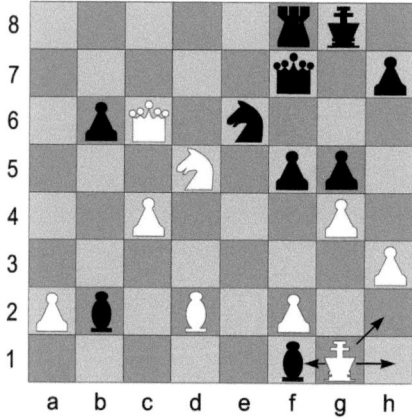

Der weiße König auf Feld g1 kann waagerecht auf das Feld h1 ziehen. Auf das Feld f2 kann der König nicht ziehen, weil der eigene Bauer das Feld besetzt. Das Feld g2 kann der König auch nicht betreten, wegen dem Läufer auf f1. Er könnte noch auf das Feld h2 ziehen. Der König könnte aber auch den schwarzen Läufer auf f1 schlagen.

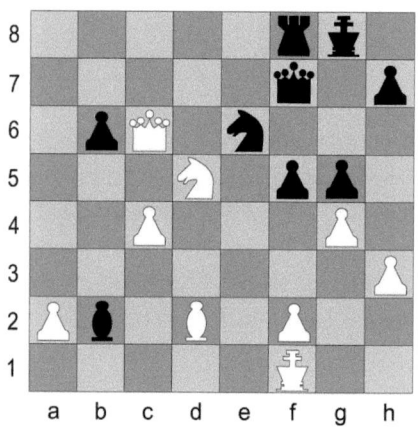

Der weiße König zieht vom Feld g1 auf das Feld f1 und schlägt den schwarzen Läufer.

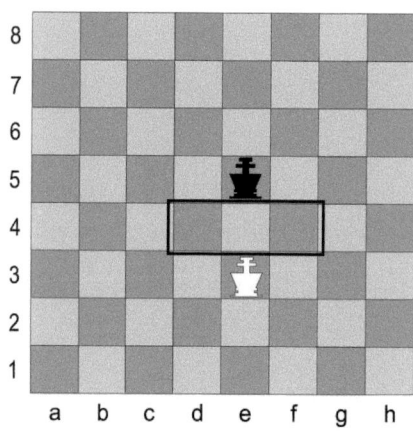

Man merkt sich:
Zwischen den beiden Königen muss sich immer mindestens ein Feld befinden, da ein König auf kein bedrohtes Feld ziehen darf, dass von einer gegnerischen Figur bedroht wird.

Wenn sich die Könige gegenüberstehen, nennt man das Opposition.

Das Schlagen des Bauern

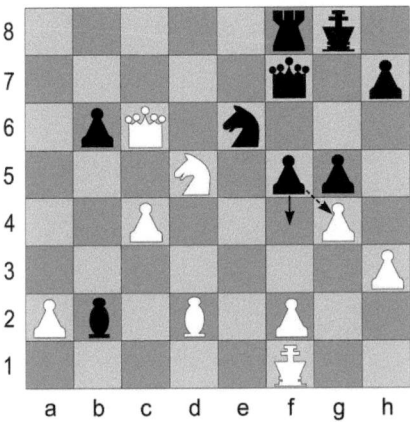

Eine Sonderregel zum Schlagen hat der Bauer. Er kann nur Figuren schlagen, die auf den Feldern links oder rechts diagonal vor ihm stehen. Der Bauer ist die einzige Figur, die in eine andere Richtung schlägt, als er zieht.

Senkrecht kann der schwarze Bauer vom Feld f5 auf das Feld f4 ziehen. Der schwarze Bauer könnte aber auch den weißen Bauer auf Feld g4 schlagen.

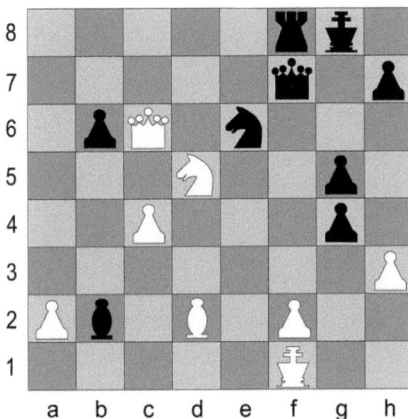

Der schwarze Bauer zieht diagonal vom Feld f5 auf das Feld g4 und schlägt den weißen Bauer.

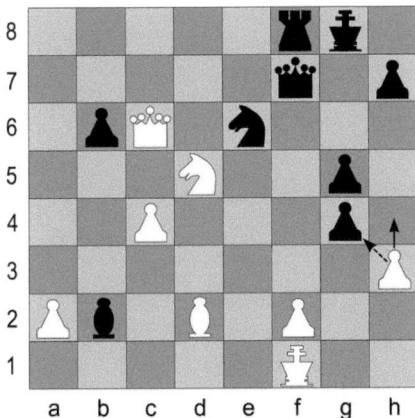

Senkrecht kann der weiße Bauer vom Feld h3 auf das Feld h4 ziehen. Der weiße Bauer könnte aber auch den schwarzen Bauer auf Feld g4 schlagen.

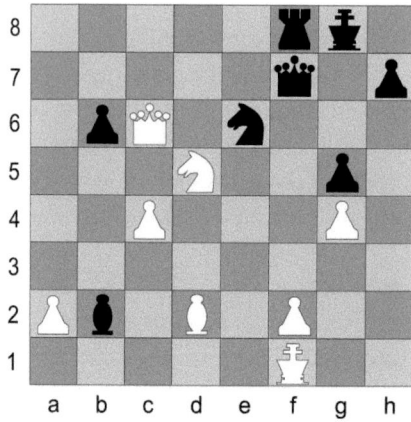

Der weiße Bauer zieht diagonal vom Feld h3 auf das Feld g4 und schlägt den schwarzen Bauer.

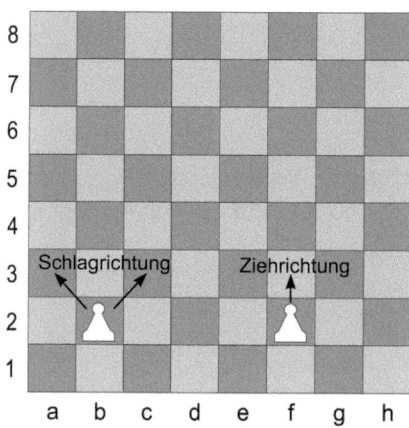

Man merkt sich:
So wie die Figuren ziehen, so können sie auch schlagen.

Ausnahme: Der Bauer.
Der Bauer schlägt nur diagonal und zieht immer vorwärts.

Wird der Bauer angegriffen, kann er nicht zurückziehen. Er muss entweder auf dem Feld bleiben und von einer eigenen Figur beschützt werden oder er zieht nach vorne.

Das Schlagen en passant (im Vorübergehen)

Dies ist eine Sonderregel für die Bauern.

Der noch in der Grundstellung stehende schwarze Bauer (Schwarz a7 – h7, Weiß a2 bis h2) zieht zwei Felder (nicht zweimal ein Feld) vorwärts auf die fünfte Reihe auf ein Feld neben dem weißen Bauer. Welcher das Feld angreift (Schlagrichtung), das vom schwarzen Bauer überschritten worden ist. So kann dieser den schwarzen Bauer schlagen, als wäre er nur auf die sechste Reihe, also nur ein Feld vorgezogen. Der weiße Bauer zieht auf das Feld, dass der schwarze Bauer überschritten hat.

Will man en passant schlagen, muss man dies sofort im folgenden Zug tun. Wird der Bauer nicht geschlagen, kann man diesen Zug später nicht mehr ausführen.

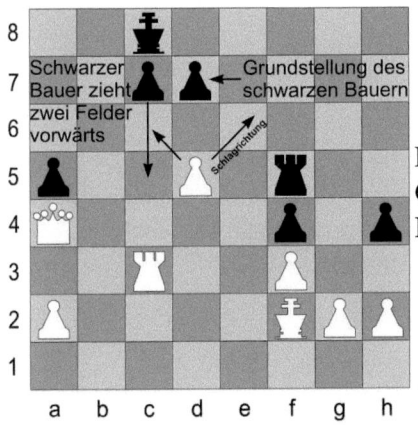

Der schwarze Bauer zieht von seiner Grundstellung vom Feld c7 (siebte Reihe) ..

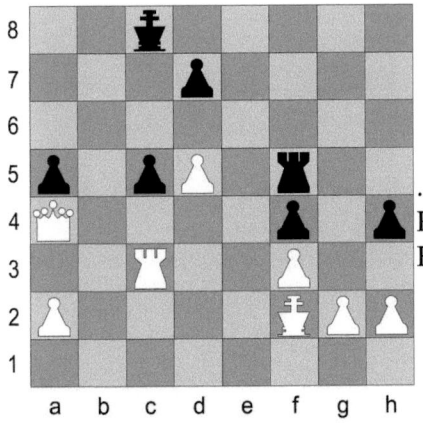

.. zwei Felder vorwärts auf die fünfte Reihe, Feld c5, neben dem weißen Bauer.

Das Schlagen en passant

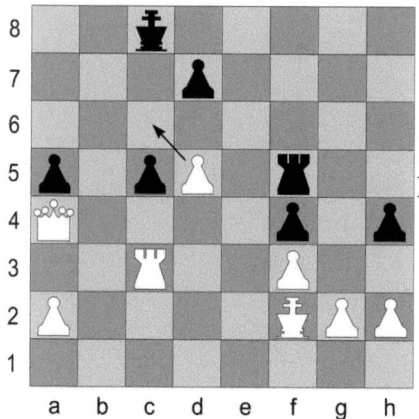

Der weiße Bauer zieht vom Feld d5 ..

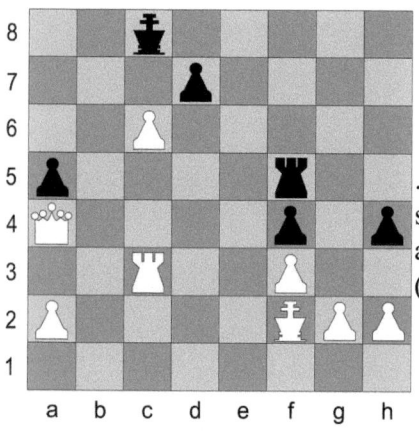

.. auf das Feld c6. So kann dieser den schwarzen Bauer auf Feld c5 schlagen, als wäre er nur auf die sechste Reihe (Feld c6) gezogen.

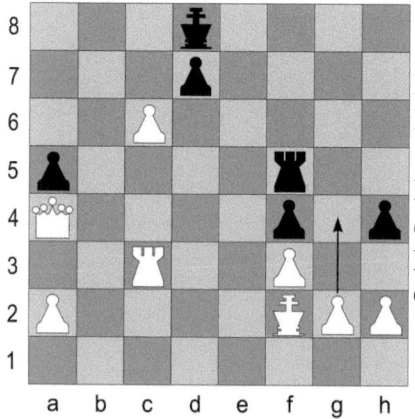

Diese Regel gilt auch für die schwarzen Bauern auf der vierten Reihe.

Der schwarze König ist vom Feld c8 auf das Feld d8 gezogen.
Der weiße Bauer zieht von seiner Grundstellung vom Feld g2 ..

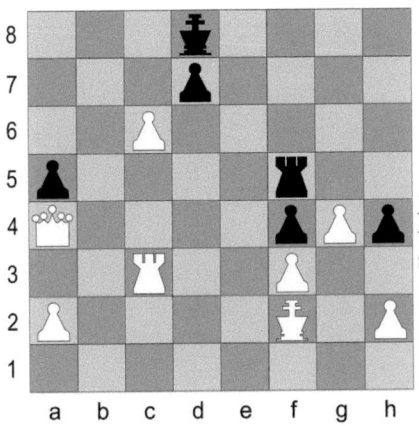

.. zwei Felder vorwärts auf die vierte Reihe, Feld g4, zwischen den beiden schwarzen Bauern.

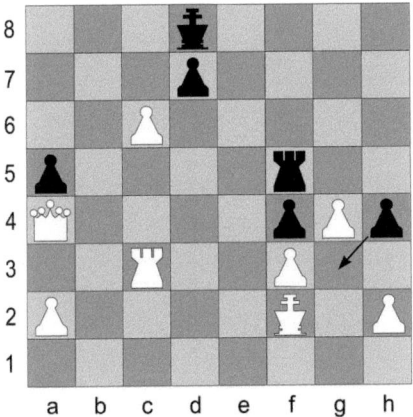

Der schwarze Bauer zieht vom Feld h4 (es könnte aber auch der Bauer auf Feld f4 ziehen) ..

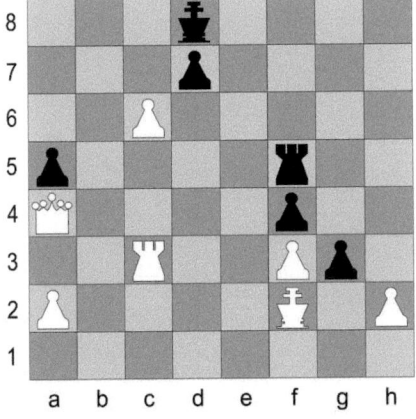

.. auf das Feld g3. So kann dieser den weißen Bauer auf dem Feld g4 schlagen, als wäre er nur auf die dritte Reihe (Feld g3) gezogen.

Umwandlung Bauer

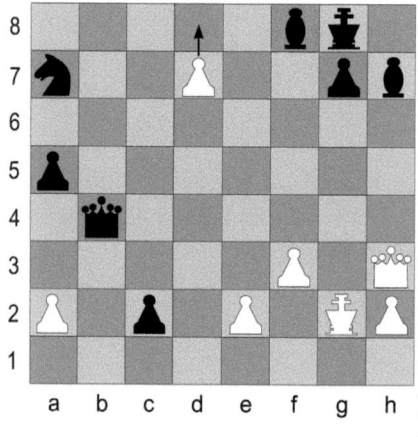

Ist ein weißer Bauer auf der gegnerischen Grundlinie, achte Reihe (schwarzer Bauer auf der ersten Reihe) angelangt, kann er nicht weiterziehen. Da er nur vorwärts, aber nicht rückwärts ziehen kann, muss er als Teil desselben Zuges sofort in eine beliebige eigene Figur (derselben Farbe) ausgetauscht werden. Die sogenannte Umwandlung.

Die Umwandlung ist nicht auf die bereits geschlagenen Figuren begrenzt. Normalerweise ist dies die Dame, da sie die stärkste Figur ist. Man kann aber auch einen Turm, Läufer oder Springer, mit Ausnahme des Königs, nehmen. Bringt man mehr Bauern durch, kann man auch z. B. mit drei oder vier Damen spielen.

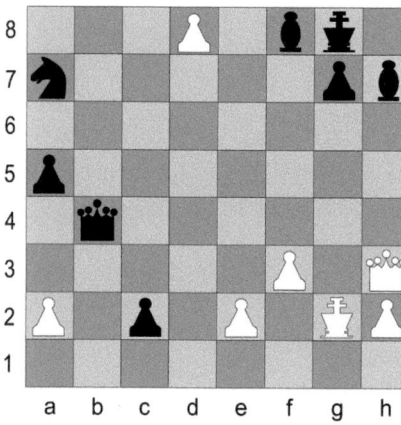

Die Umwandlung ist abgeschlossen, indem man den Bauer vom Schachbrett nimmt und die ausgetauschte Figur auf das Feld des Bauern stellt. Dadurch tritt sofort die Gangart und die Schlagrichtung der Figur in Kraft. Das heißt, die Figur könnte sofort Schach bieten oder sogar matt setzen.

Der weiße Bauer zieht vom Feld d7 nach Feld d8 auf die gegnerische Grundlinie.

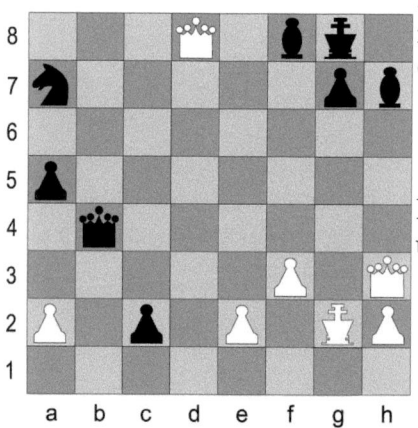

Hier wurde der Bauer in eine Dame umgewandelt.

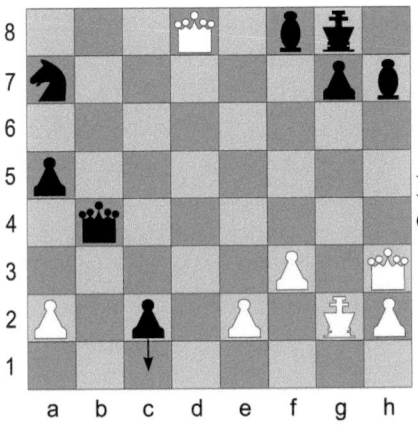

Der schwarze Bauer zieht auf die Grundlinie, vom Feld c2 nach Feld c1.

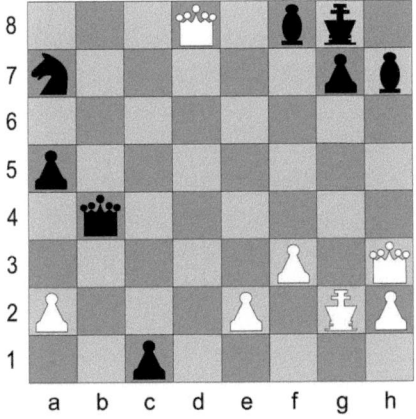

Der schwarze Bauer ist auf der Grundlinie angelangt.

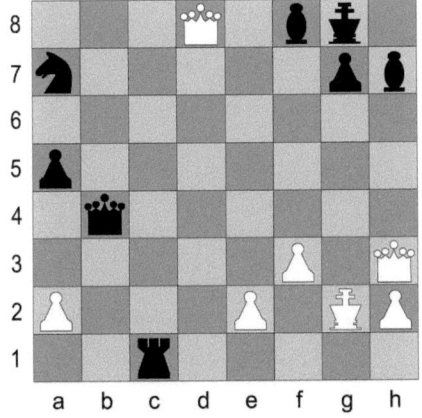

Hier wurde der Bauer in einen Turm umgewandelt.

Die Rochade – gilt als Königszug

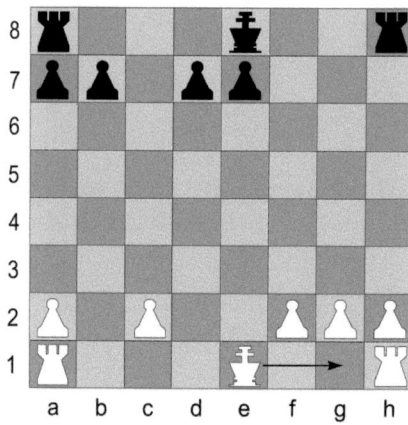

Warum die Rochade? Um den König in Sicherheit zu bringen. Denn in der Ecke ist er sicherer als in der Mitte des Schachbrettes.

Die Rochade darf man nur einmal in der Partie ausführen. Es gibt eine kurze und eine lange Rochade. Die Rochade wird zwischen König und Turm (derselben Farbe) durchgeführt. Dies ist der einzige Zug im Schachspiel bei dem zwei Figuren gezogen werden und der König zwei Felder ziehen kann.

Der König (vom Ursprungsfeld) wird zuerst gezogen und zieht zwei Felder in Richtung des Turms (vom Ursprungsfeld). Der Turm wechselt (über den König) auf das Feld neben dem König, dass dieser überschritten hat.

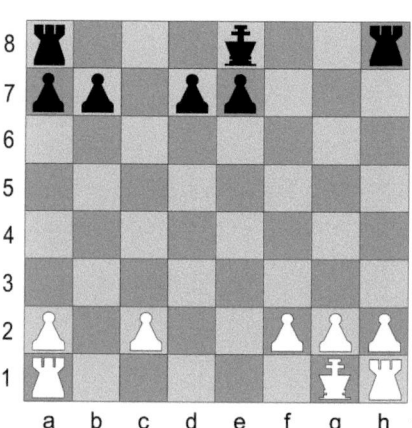

Die kurze Rochade von Weiß wird zwischen König und Turm auf Feld h1 durchgeführt. Der König zieht zwei Felder in Richtung Turm.

Der weiße König ist vom Feld e1 nach Feld g1 gezogen.

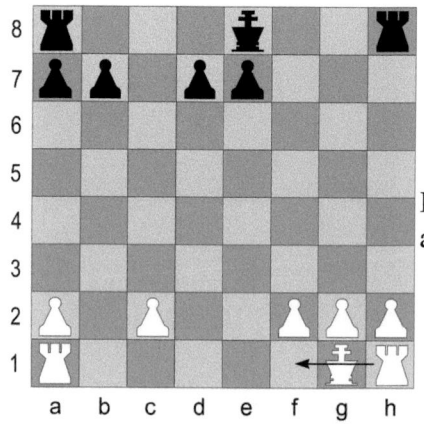

Der Turm wechselt (über den König) auf das Feld links neben dem König.

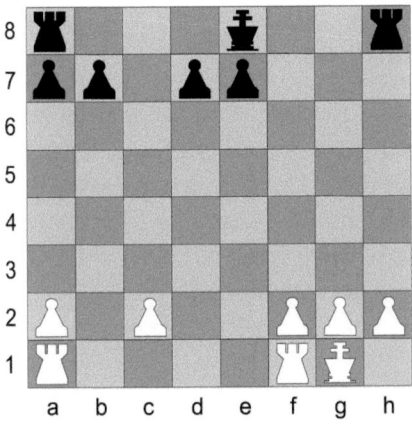

So sieht das Schachbrett nach der kurzen Rochade aus. Der König steht jetzt auf dem Feld g1 und der Turm auf dem Feld f1.

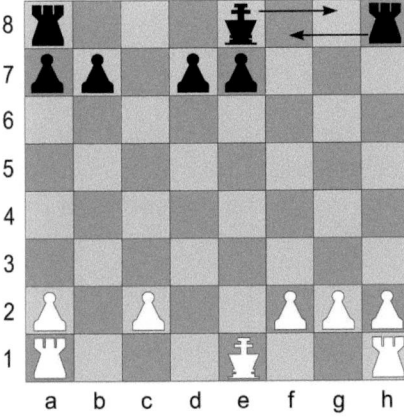

Die kurze Rochade von Schwarz wird zwischen König und Turm auf Feld h8 durchgeführt. Der König zieht zwei Felder in Richtung Turm. Der Turm wechselt (über den König) auf das Feld links neben dem König.

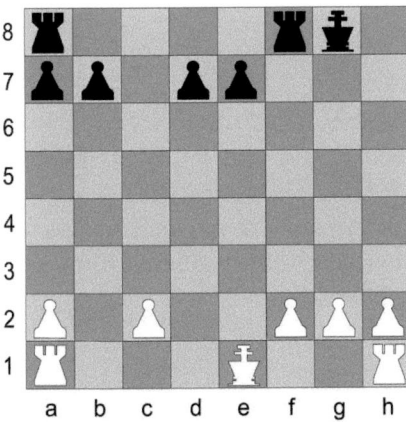

So sieht das Schachbrett nach der kurzen Rochade aus. Der König steht jetzt auf dem Feld g8 und der Turm auf dem Feld f8.

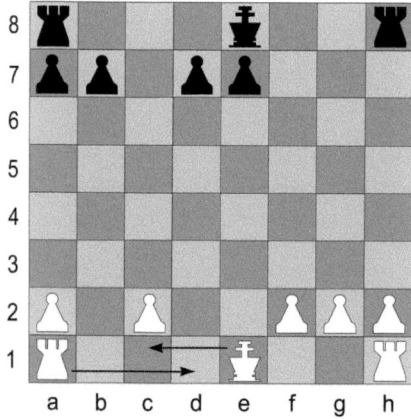

Die lange Rochade von Weiß wird zwischen König und Turm auf Feld a1 durchgeführt. Der König zieht zwei Felder in Richtung Turm. Der Turm wechselt (über den König) auf das Feld rechts neben dem König.

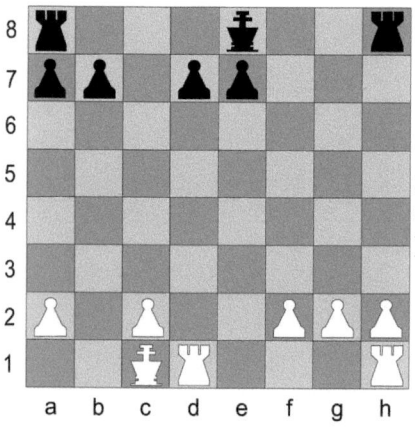

So sieht das Schachbrett nach der langen Rochade aus. Der König steht jetzt auf dem Feld c1 und der Turm auf dem Feld d1.

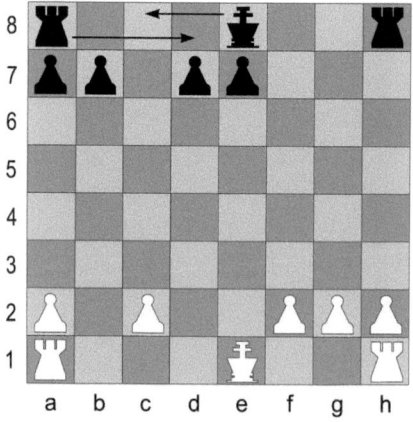

Die lange Rochade von Schwarz wird zwischen König und Turm auf Feld a8 durchgeführt. Der König zieht zwei Felder in Richtung Turm. Der Turm wechselt (über den König) auf das Feld rechts neben dem König.

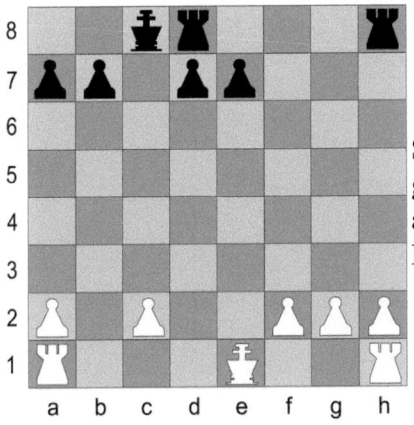

So sieht das Schachbrett nach der langen Rochade aus. Der König steht jetzt auf dem Feld c8 und der Turm auf dem Feld d8.

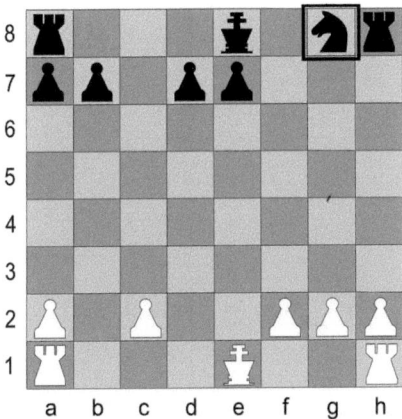

Es gelten folgende Regeln:

1. Zwischen König und Turm darf keine eigene oder gegnerische Figur stehen.

Beispiel: Schwarz darf keine kleine Rochade machen, da sein Springer (Feld g8) im Weg steht.

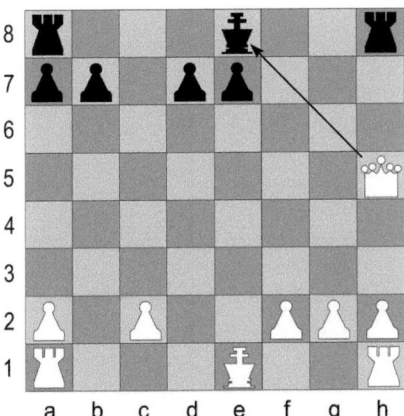

2. Der König darf nicht vor der Ausführung der Rochade im Schach stehen.

Beispiel: Die weiße Dame (Feld h5) bietet dem schwarzen König (Feld e8) Schach.

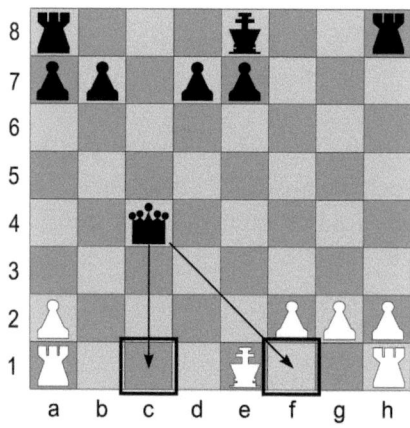

3. Der König darf nicht über Felder ziehen, die von einer gegnerischen Figur angegriffen werden oder nach der Ausführung der Rochade im Schach stehen.

Beispiel: Die schwarze Dame greift Feld f1 an. Dadurch kann Weiß keine kleine Rochade durchführen. Die große Rochade geht auch nicht, da der König dann im Schach wäre (Feld c1).

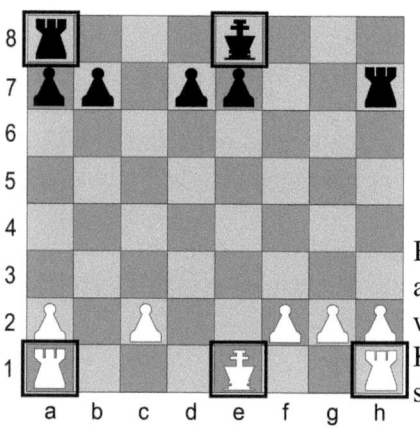

4. Der König und der mitwirkende Turm dürfen vorher noch nicht gezogen haben und stehen damit auf ihrem Ursprungsfeld, also auch auf der gleichen Reihe.

Beispiel: Der schwarze Turm auf Feld a8 und der schwarze König, sowie die weißen Türme auf a1, h1 und der weiße König wurden noch nicht gezogen und stehen auf dem Ursprungsfeld.

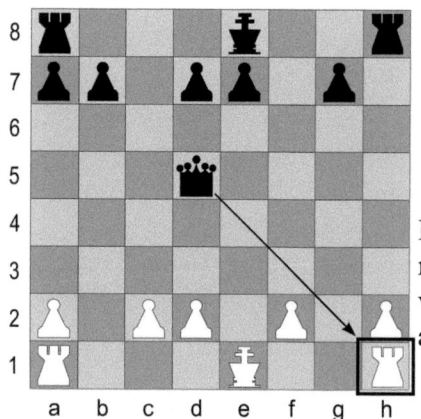

5. Der Turm darf über bedrohte Felder ziehen oder auch vom Ursprungsfeld, die von einer gegnerischen Figur angegriffen werden.

Beispiel: Weiß darf die kleine Rochade machen, obwohl sein Turm auf Feld h1 von der schwarzen Dame auf Feld d5 angegriffen wird.

Schach, Matt, Remis, Patt

Ziel des Schachspiels
Das Ziel des Schachspiels ist es, den gegnerischen König „gefangen"
zunehmen, ihn also „Matt" zu setzen. Dann hat man das Schachspiel
gewonnen.

Schach:
Wenn der König angegriffen wird (wenn also eine gegnerische Figur ihn im
nächsten Zug zu schlagen droht), dann steht er im SCHACH. Dies teilt man
dem Gegner mit, indem man "Schach" sagt. Wenn man dies nicht sagt, ist
dies aber keine Regelverletzung.

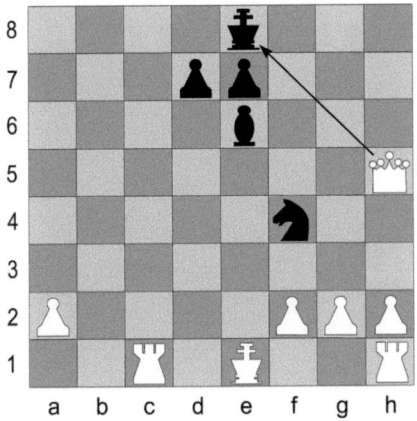

Beispiel: Weiße Dame auf Feld h5 bietet
schwarzem König auf Feld e8 Schach.

Solche Angriffe müssen mit dem nächsten Zug abgewehrt werden.

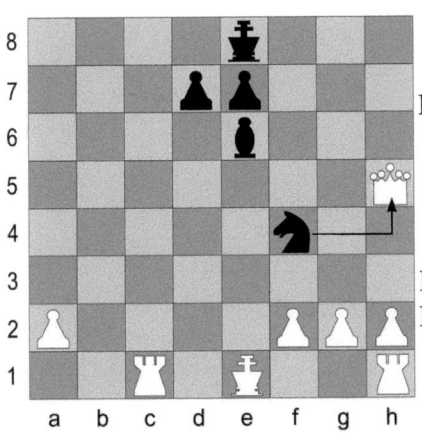

Es gibt drei Möglichkeiten:

1. Kann man die schachbietende Figur
   schlagen?

Der Springer zieht vom Feld f4 nach
Feld h5 und schlägt die Dame.

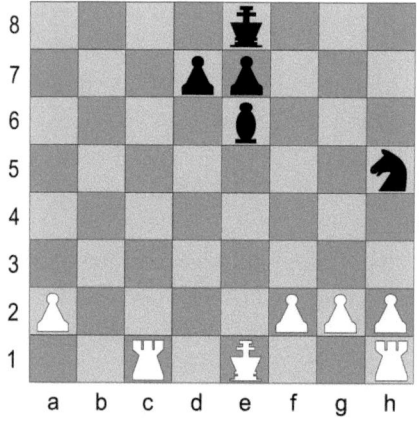

Die Dame auf Feld h5 wurde geschlagen.

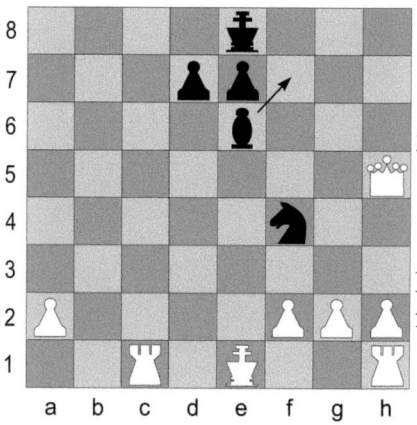

2. Kann man eine eigene Figur zwischen dem eigenen König und der schachbietenden Figur ziehen?

Der Läufer zieht vom Feld e6 nach Feld f7.

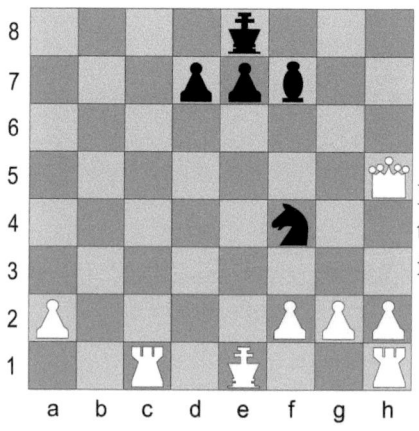

Die Dame kann kein Schach mehr bieten, da der Läufer dazwischen gezogen ist.

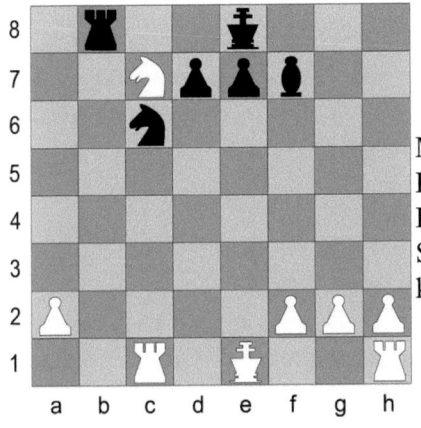

Man merkt sich:
Bei einem Schachgebot von einem Bauer oder Springer, hier der weiße Springer auf dem Feld c7, kann man keine Figur dazwischen ziehen.

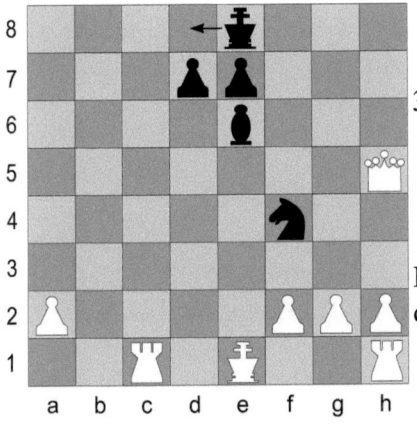

3. Kann man auf ein Feld ziehen, wo der König nicht angegriffen wird, also wegziehen?

Der König zieht vom Feld e8 nach Feld d8.

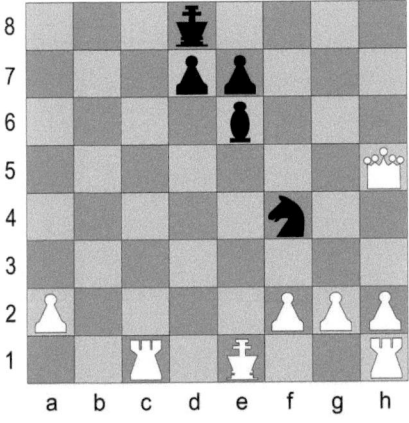

Der König ist aus dem Schach gezogen.

Matt:

Wenn der König durch eine oder mehrere gegnerischen Figuren im Schach steht und keinen Zug ausführen kann, der durch die Bedrohung der gegnerischen Figur abgewehrt (schlagen, dazwischen ziehen, wegziehen) werden kann. Dann hat man das Schachspiel verloren.

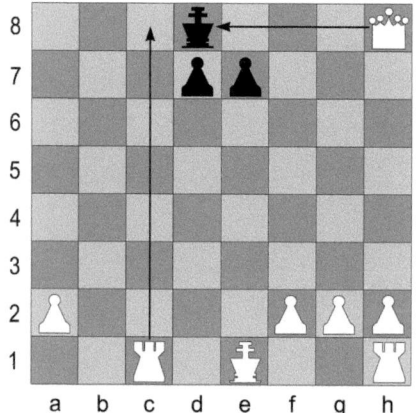

Die weiße Dame auf Feld h8 bietet dem schwarzen König auf Feld d8 Schach. Auf das Feld e8 kann er nicht ziehen, weil er sich dann immer noch im Schach der Dame befindet. Auch auf die Felder c8 und c7 kann er nicht ziehen. Sie werden vom Turm auf Feld c1 angegriffen. Damit ist Schwarz matt.

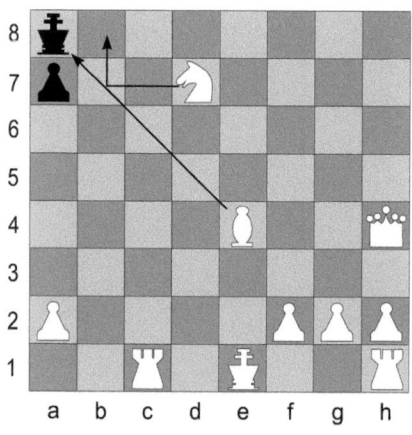

Der weiße Läufer auf Feld e4 bietet dem schwarzen König auf Feld a8 Schach.

Auf das Feld b7 kann er nicht ziehen, weil er sich dann immer noch im Schach des Läufers befindet.

Auch auf das Feld b8 kann er nicht ziehen. Es wird vom Springer angegriffen.

Damit ist Schwarz matt.

Man merkt sich:

Der König kann nicht geschlagen werden, da der König nicht ins Schach ziehen darf.

Remis und Patt:

1. Wenn die beiden Spieler keine Möglichkeit sehen, den Gegner matt zu setzen und sich auf ein Unentschieden zu einigen.

2. Wenn die Figuren beider Spieler nicht ausreichen, also eine Stellung entsteht, durch die kein matt erreichbar ist.

3. Die letzten 50 aufeinander folgenden Züge eines jeden Spielers gemacht worden sind, ohne dass ein Bauer gezogen oder eine Figur geschlagen worden ist.

4. Wenn dieselbe Stellung zum dritten Mal entstanden ist (nicht unbedingt hintereinander).

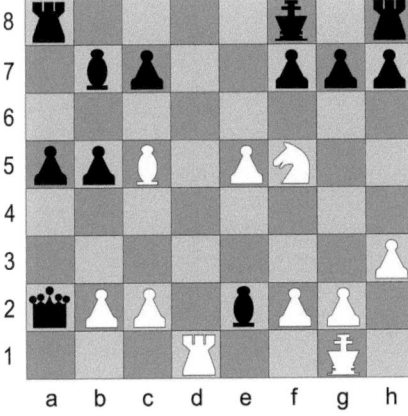

Beispiel: Weiß hat weniger Figuren als Schwarz und somit ist die Möglichkeit zu gewinnen geringer. Deshalb bedient Weiß sich dieser Regel. Weißer Springer zieht vom Feld e7 auf das Feld f5 und bietet Schach durch Läufer auf Feld c5. Der schwarze König kann nur auf das Feld g8 ziehen (wenn er auf das Feld e8 zieht, wäre er im nächsten Zug matt, da der weiße Springer dann auf das Feld g7 zieht).

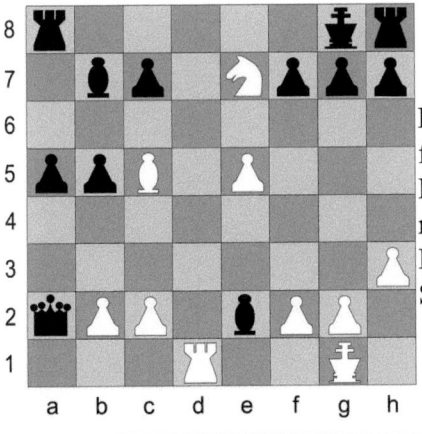

Der weiße Springer zieht dann vom Feld f5 wieder auf das Feld e7 und bietet dem König wieder Schach und der König muss wieder auf das Feld f8 ziehen. Dann noch einmal das Gleiche und die Stellung ist zum dritten Mal entstanden.

Patt

5. Oder durch das sogenannte Patt. Wenn der König nicht im Schach steht und nur Züge machen kann, die den König ins Schach stellen und wenn keine eigene andere Figur mehr ziehen kann. Das Schachspiel endet unentschieden.

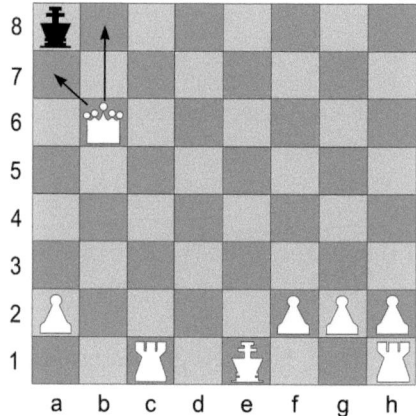

Beispiel: Der schwarze König auf Feld a8 kann nur noch ins Schach ziehen, da die weiße Dame auf Feld b6 die Felder a7, b8 und b7 angreift.

Der schwarze König auf Feld g8 kann nur noch ins Schach ziehen, da der weiße Läufer auf Feld d6 und der Bauer auf Feld h6 die Felder g7 und f8 angreifen.

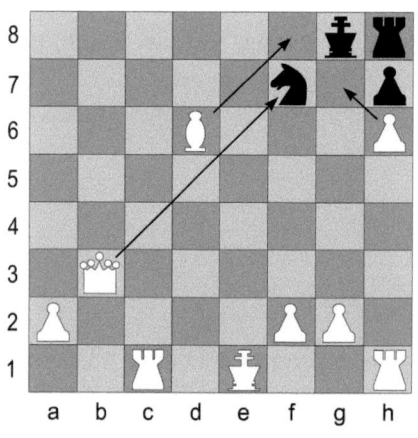

Der Springer auf f7 kann nicht wegziehen, da sonst der König auf Feld g8 im Schach stehen würde.

Des weiteren kann der schwarze Turm auf Feld h8 nicht ziehen, da er vom König auf Feld g8 und dem Bauer auf Feld h7 blockiert wird.

Der Bauer auf Feld h7 kann auch nicht ziehen, da er vom Bauer auf Feld h6 blockiert wird.

Die Notation der Züge

Bei der Notation der Züge werden die Figuren mit ihrem Anfangsbuchstaben abgekürzt.
T = Turm, S = Springer, L = Läufer, D = Dame, K = König.

Bauernzüge werden ohne Anfangsbuchstaben aufgeschrieben.
a4, c3, e6, b5.

Jeder Zug einer Figur wird angegeben mit Anfangsbuchstaben und auf das Feld, wo sie hinziehen.
Le5 - d4, Sf3 - e5, Tdl - f1, Dd1 - g4.

Bei einer Bauernumwandlung wird hinter dem Bauernzug der Anfangsbuchstabe der neuen Figur geschrieben, in die er sich verwandelt.
a1D, h1T, d8L, e8S.

Die Züge werden durchnummeriert. Zuerst kommt der weiße Zug, dann der schwarze Zug. Es wird auch mit angegeben, von welchem Feld die Figur kam und wohin sie zieht.

Es gibt aber auch eine Kurznotation. Bei ihr werden nur die Züge aufgeschrieben, wo die Figur hinzieht.
Ld4, Se5, Tf1, Dg4 statt Le5 - d4, Sf3 - e5, Tdl - f1, Dd1 - g4.

Beispiel: Ausführliche Notation

| 1. | e2 – e4 | b7 – b6 |

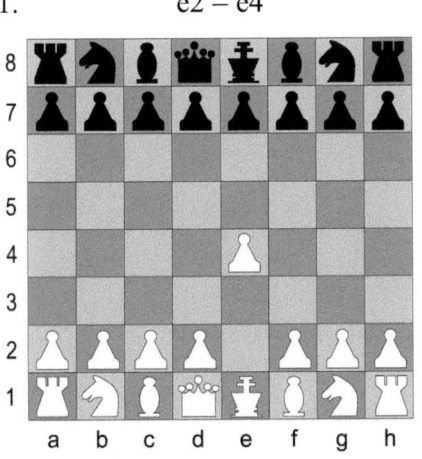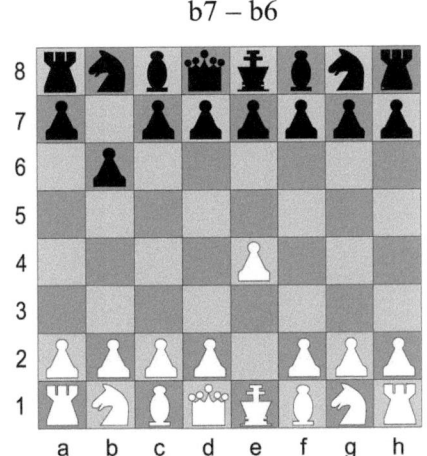

Die Notation der Züge

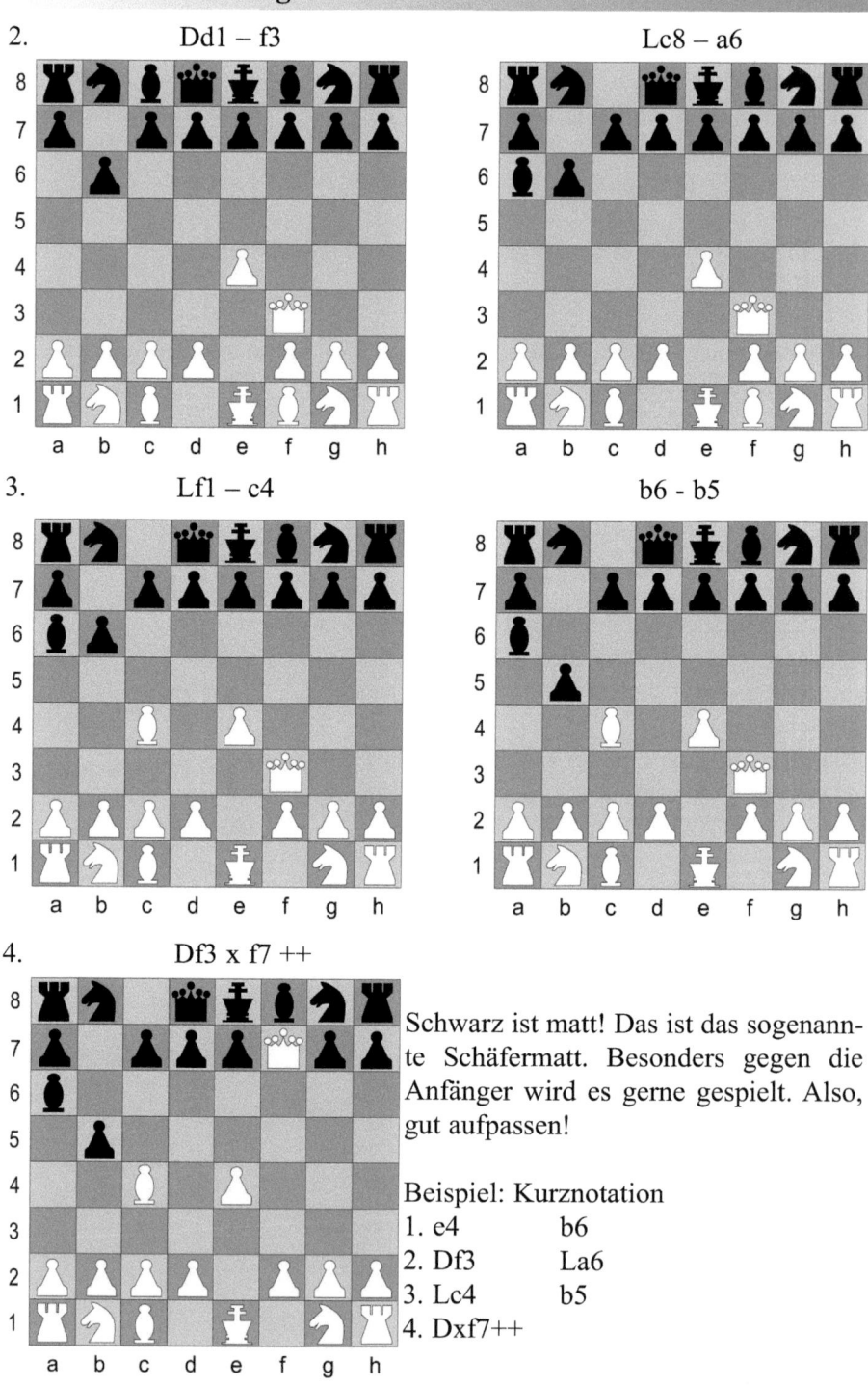

2.   Dd1 – f3   Lc8 – a6

3.   Lf1 – c4   b6 - b5

4.   Df3 x f7 ++

Schwarz ist matt! Das ist das sogenannte Schäfermatt. Besonders gegen die
Anfänger wird es gerne gespielt. Also,
gut aufpassen!

Beispiel: Kurznotation

1. e4	b6
2. Df3	La6
3. Lc4	b5
4. Dxf7++	

Beispiel eines Partieformulars:

Turnier: STADTMEISTERSCHAFT		Datum: 11.09.2015	
Runde: 1.		Ergebnis: 1:0	
☐ Weiß: FISCHER		■ Schwarz: HACKER	

	Weiß	Schwarz		Weiß	Schwarz
1	e4	b6	25		
2	Df3	La6	26		
3	Lc4	b5	27		
4	Dxf7 ++		28		
5			29		
6			30		
7			31		
8			32		
9			33		
10			34		
11			35		
12			36		
13			37		
14			38		
15			39		
16			40		
17			41		
18			42		
19			43		
20			44		
21			45		
22			46		
23			47		
24			48		

Weitere Zeichen der Notation:

0 - 0	kurze Rochade	0 - 0 - 0	lange Rochade
x	Zeichen für das Schlagen	+	Schach
=	Remis	++ oder #	Schachmatt
e.p.	Schlagen en passant	-	Zieht von ... nach ...
!	guter Zug	?	schlechter Zug
1:0	Weiß gewinnt, einen Punkt		
0:1	Schwarz gewinnt, einen Punkt		
0,5:0,5	Remis, einen halben Punkt		

Regeln beim Schachspiel

1. Vor dem Schachspiel wird ausgelost, wer mit Weiß beginnt (Weiß fängt immer an).

2. Die beiden Spieler ziehen immer abwechselnd.

3. Es besteht Zugpflicht. Wenn man dran ist, muss man ziehen.

4. Schlagpflicht besteht nicht. Man muss nicht schlagen.

5. Wenn man eine seiner Figuren berührt, muss man mit dieser Figur ziehen. „berührt - geführt". Ist das nicht möglich, bleibt dies ohne Folgen.

6. Fasst man eine gegnerische Figur an, muss man sie schlagen. Ist das nicht möglich, bleibt dies ohne Folgen.

7. Will man eine Figur zurecht rücken, so muss man vorher sagen: Ich rücke zurecht.

8. Der König muss jedem Schach entzogen werden. Ist dies übersehen worden, so müssen die nachher gemachten Züge zurückgenommen werden.

9. Ein Zug, der nicht den Schachregeln entspricht, muss zurückgenommen werden.

Kleine Übungen

Kleine Übungen

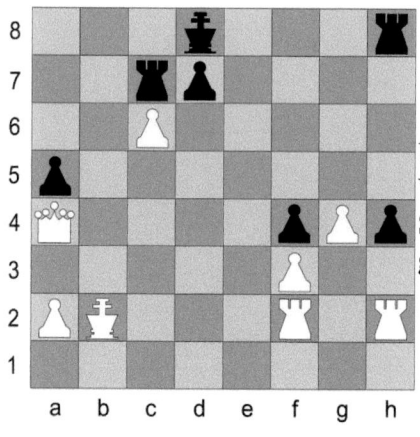

Übung 1:

Weiß zieht vom Feld g2 auf das Feld g4. Schwarz ist am Zug. Welchen sehr guten Zug kann nun Schwarz machen?

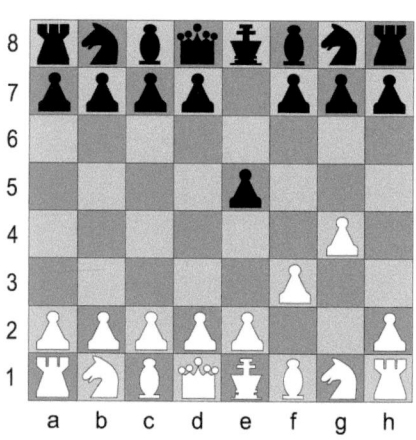

Übung 2:

Schwarz ist am Zug. Welchen Zug sollte Schwarz jetzt machen?

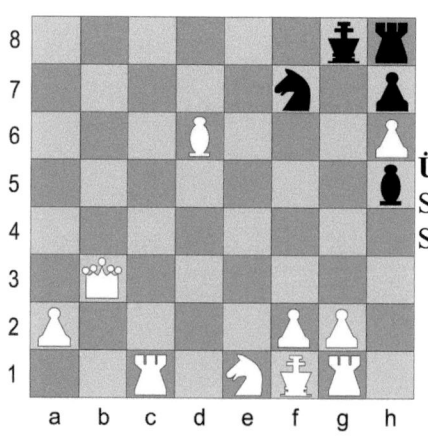

Übung 3:

Schwarz ist am Zug. Welchen Zug sollte Schwarz jetzt machen?

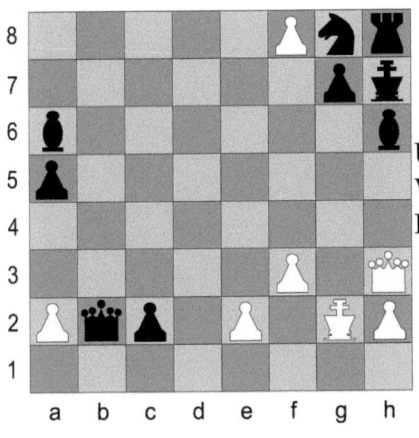

Übung 4:
Weiß zieht auf das Feld f8. In welche Figur sollte sich Weiß umwandeln?

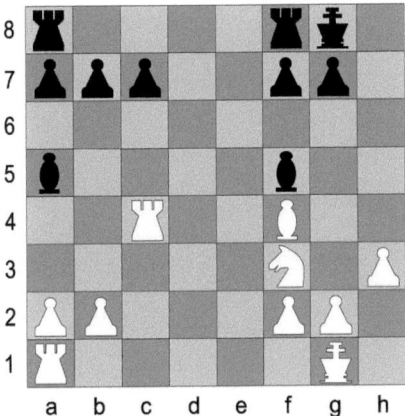

Übung 5:
Weiß ist am Zug. Welchen Zug sollte Weiß jetzt machen?

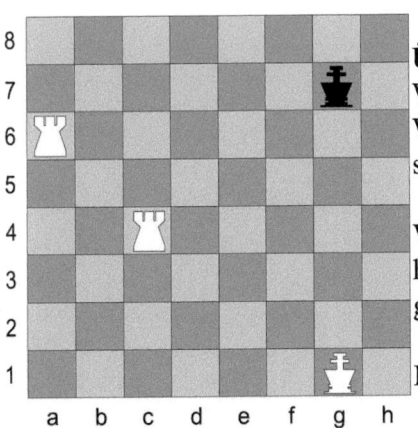

Übung 6:
Weiß ist am Zug. Welchen Zug sollte Weiß jetzt machen, um Schwarz matt zu setzen?

Wenn Sie die Übungen richtig gelöst haben, beherrschen Sie die Grundregeln.

Lösung auf der nächsten Seite.

Lösungen:

Übung 1:
Das Schlagen en passant (im Vorübergehen). Da der weiße Bauer von seiner Grundstellung vom Feld g2 zwei Felder vorwärts auf das Feld g4 gezogen ist. So kann der schwarze Bauer (Feld f4) auf das Feld g3 ziehen und den weißen Bauer auf Feld g4 schlagen. Und im nächsten Zug kann Schwarz auch noch einen Turm schlagen. Mit den Bauern auf h4 nicht ziehen, weil dann der weiße Turm auf h2 den schwarzen Turm auf h8 schlägt.

Übung 2:
Schwarz zieht mit der Dame auf das Feld h4 und setzt Weiß matt. Weiß hatte so schlecht gespielt, wie es nur ging. Dies ist das Schnellste matt.

Übung 3:
Schwarz hat weniger Figuren als Weiß und auch die Stellung spricht gegen Schwarz. Im nächsten Zug wäre Schwarz matt (weißer Turm vom Feld c1 nach Feld c8). Deshalb zieht Schwarz mit dem Läufer vom Feld h5 auf das Feld e2 und bietet dem weißen König Schach. Dieser kann nur den Läufer schlagen und zieht auf das Feld e2. Nun wäre Schwarz am Zug. Der schwarze König auf Feld g8 kann nur noch ins Schach ziehen. Der Springer auf f7 kann nicht wegziehen, da sonst der König auf Feld g8 im Schach stehen würde. Also hat Schwarz ein Patt erreicht.

Übung 4:
Umwandlung in einen Springer. Damit bietet er dem schwarzen König Schach. Da der König nicht auf das Feld g6 ziehen kann, dass durch den Springer bedroht wird, und Schwarz den Springer nicht schlagen kann, ist Schwarz matt.

Übung 5:
Mit dem Turm vom Feld c4 auf das Feld c5 ziehen. Damit kann der weiße Turm im nächsten Zug einen von beiden Läufern schlagen.

Übung 6:
Weiß zieht mit dem Turm vom Feld c4 auf das Feld c7 und bietet dem schwarzen König Schach. Der König kann nur noch auf ein Feld der 8. Reihe ziehen. Der nächste Zug von Weiß wäre mit dem Turm vom Feld a6 auf das Feld a8 zu ziehen. Damit wäre Schwarz matt.

Tipps zur ersten Schachpartie

Herzlichen Glückwunsch! Sie können jetzt die Regeln des Schachspiels.

Jetzt gleich ein Schachspiel machen, werden Sie denken. Doch nicht so schnell. Ohne weitere Kenntnisse werden Sie, zumindest die ersten Spiele, schnell verlieren und eventuell dann denken, dass Schachspiel sei ja doch nichts für Sie. Deshalb gibt es hier noch ein paar Tipps.

1. Notiere deine Partien. So kannst Du später deine Fehler analysieren.

2. Zentrum besetzen:
Das wären die Felder d4, e4, e5 und d5.

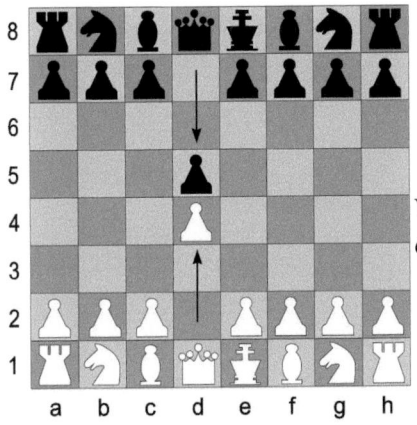

Weiß eröffnet mit d4 (Schwarz mit d7-d5) oder ...

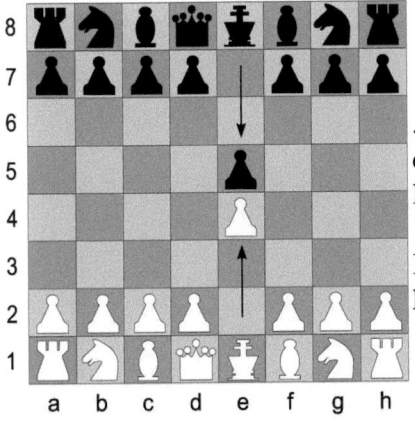

... mit e4. Schwarz eröffnet dann mit dem Doppelschritt des gegenüberliegenden Bauern, e7 - e5.

Damit eröffnet man auch die Möglichkeit, seinen Läufer zu entwickeln.

3. Figuren entwickeln:

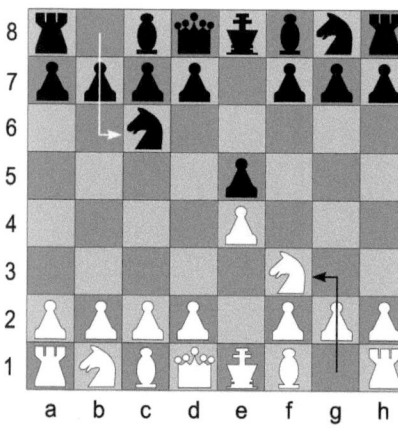

Die Leichtfiguren (Läufer, Springer) gleich zu Beginn entwickeln. Auch sie helfen bei der Besetzung des Zentrums.

Weiß entwickelt seinen Springer und greift gleichzeitig den schwarzen Bauer auf dem Feld e5 an.

Auch Schwarz entwickelt seinen schwarzen Springer und reagiert auf die Bedrohung durch den weißen Springer. Er schützt seinen Bauer e5.

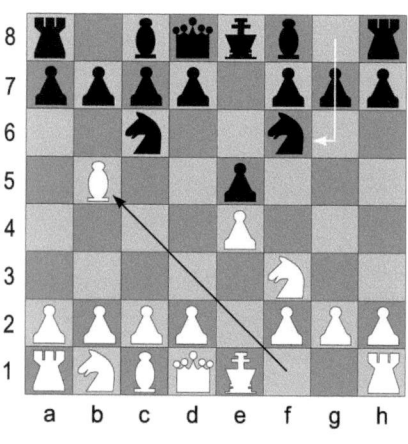

Der weiße Läufer entwickelt sich und greift den schwarzen Springer auf Feld c6 an.

Weiß könnte im nächsten Zug die Rochade ausführen.

Schwarz entwickelt seinen Springer auf das Feld f6. Er bedroht damit den weißen Bauer auf dem Feld e4.

4. Rochade möglichst früh ausführen:

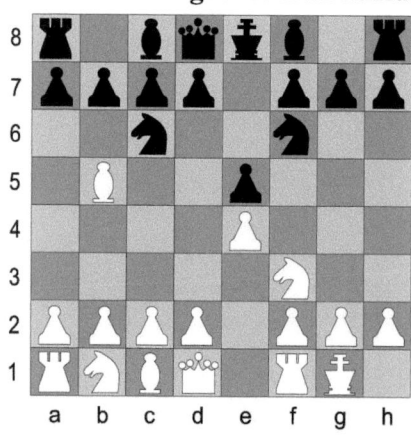

Weiß führt die Rochade aus und bringt damit seinen König in Sicherheit.

5. Schütze deine Figuren:
Material (Figuren) decken / Material angreifen (drohen)

Als Material bezeichnet man die Figuren im Schach. Wir haben ja gelernt was eine Figur Wert ist.

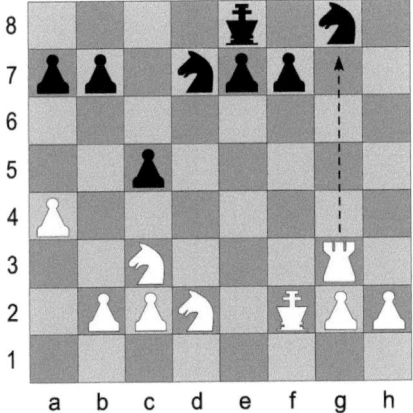

Beispiel:
Der Turm g3 greift den Springer auf g8 an. Der weiße Turm könnte den schwarzen Springer im nächsten Zug schlagen.

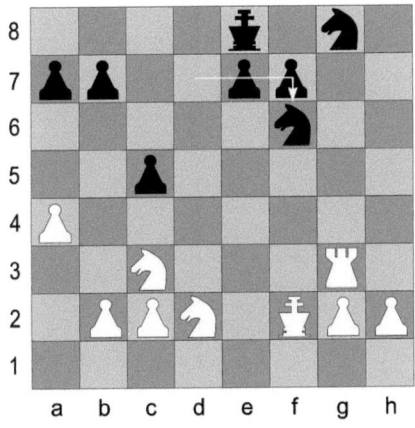

Nun aber zieht der schwarze Springer vom Feld d7 auf das Feld f6 und deckt den angegriffenen Springer. Das Material wurde also gedeckt, der Gegner konnte die Figur nicht schlagen.

6. Materialgewinn / Materialverlust

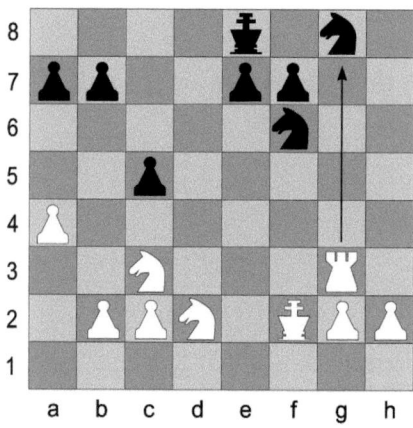

Für den Lernenden ist es erst mal wichtig, keinen Materialverlust zu erleiden. Damit meint man, seine Figuren zu behalten.

Als Beispiel:
Der weiße Turm auf dem Feld g3 zieht auf das Feld g8 ...

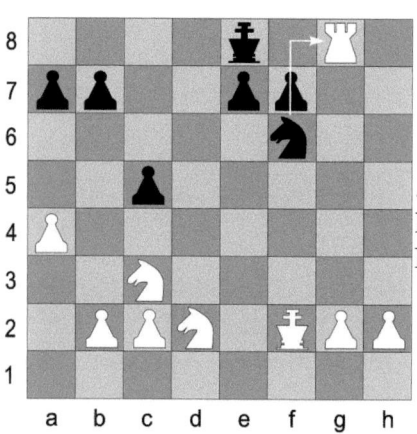

... und schlägt den schwarzen Springer. Der andere schwarze Springer auf dem Feld f6 zieht nun auf das Feld g8 ...

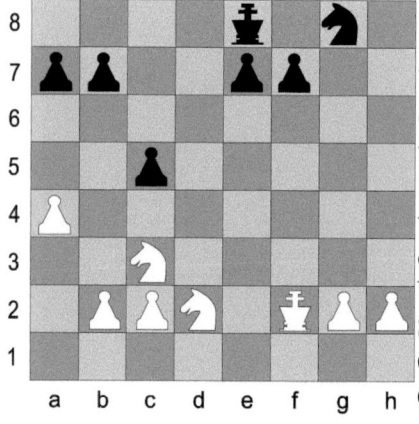

... und schlägt den weißen Turm.

Verliert man seinen Turm und schlägt einen Springer, hätte der Gegner theoretisch zwei Bauern mehr auf dem Schachbrett. Dies nennt man Materialverlust für uns und Materialgewinn für den Gegner.
Und der Unterschied zwischen einer Schwer- und Leichtfigur wird auch als Qualität bezeichnet. Wir hätten hier an Qualität verloren.

7. Opfer

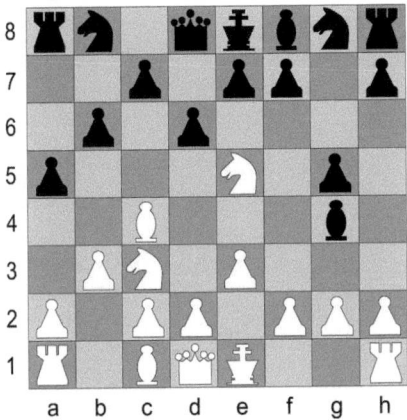

Absichtliches schlagen einer eigenen Figur durch den Gegner zulassen. Man hofft dann auf einen Vorteil.

Bei diesem Beispiel gibt Weiß seine Dame zum schlagen frei. Weiß ist mit dem Springer vom Feld f3 auf das Feld e5 gezogen. Schwarz schlägt jetzt die Dame auf d1 mit Läufer g4. Dies war ein Fehler. Läufer zieht vom Feld c4 nach f7 und Schwarz ist Matt.

8. Gabelangriff

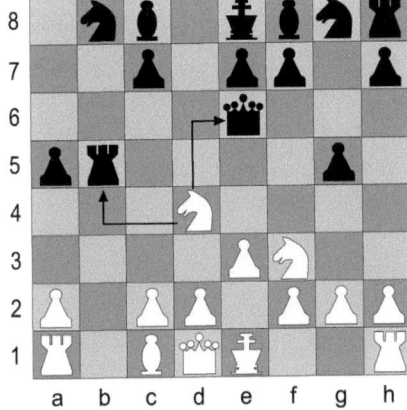

Wenn eine Figur gleichzeitig zwei gegnerische Figuren angreift.

Der weiße Springer auf dem Feld d4 bedroht die schwarze Dame auf dem Feld e6 und den schwarzen Turm auf Feld b5.

Schwarz kann jetzt entweder die Dame oder den Turm retten. Eine Figur ist verloren.

9. Zugzwang

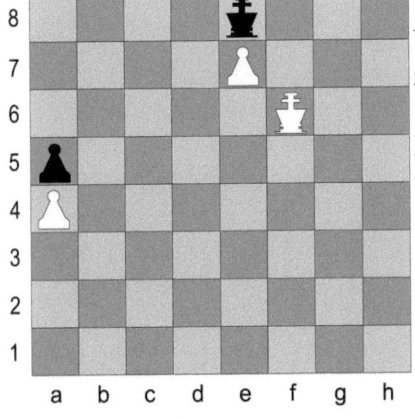

Wenn man ziehen muss, aber nicht ziehen will.

Der schwarze König muss ziehen und verliert dadurch das Spiel.

1.	e7	Kd7
2.	Kf7	Kc7
3.	e8D	

10. Die Bauernstellungen

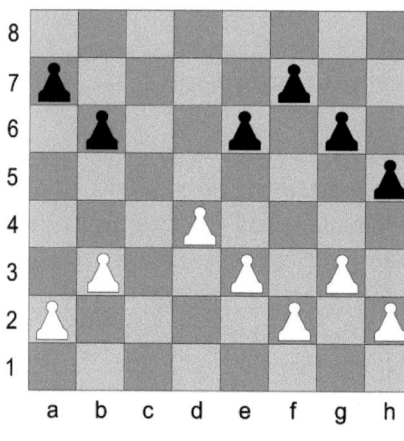

Die Bauernkette

In der Eröffnung mit den Bauern das Zentrum besetzen / kontrollieren. Wenn die Bauern sich gegenseitig decken, also der vordere Bauer durch den hinteren Bauer gedeckt ist, nennt man das eine Bauernkette. In einer Kette haben die Bauern eine große Sicherheit.

Der rückständige Bauer

Im Mittelspiel bilden sich meist nur noch einzelne Bauernketten oder sie sind einzeln verstreut.

Ein rückständiger Bauer bezeichnet man im Schachspiel als jene Bauern, die ihre eigenen Bauern nicht mehr decken können. Diese sind schwach und leicht schlagbar. Sie muss durch stärkere Figuren gedeckt werden. Hier die Bauern d6, d3 und f7.

Der Doppelbauer

Sie können sich nicht decken und der vordere Bauer behindert den hinteren Bauer. Sie sind sehr schwach und noch leichter zu schlagen. Hier die Bauern b2 und b3 sowie h7 und h6.

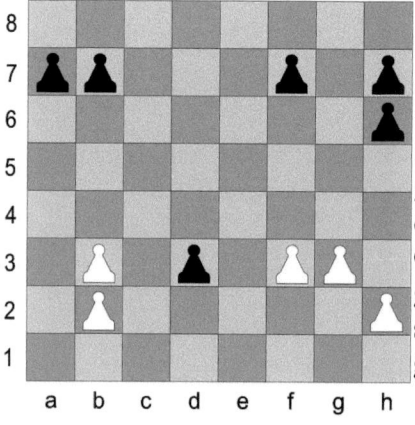

Der Freibauer

Je weniger Figuren im Endspiel übrig sind, desto stärker werden die Bauern. Sie umzuwandeln, macht sie besonders gefährlich. Der Freibauer ist ein Bauer, der auf dem Weg ist, die gegnerische Grundreihe zu erlangen und von keinem gegnerischen Bauer behindert oder ge-schlagen werden kann. Dies ist ein sehr gefährlicher Bauer. Hier der Bauer d3.

11. Tempogewinn

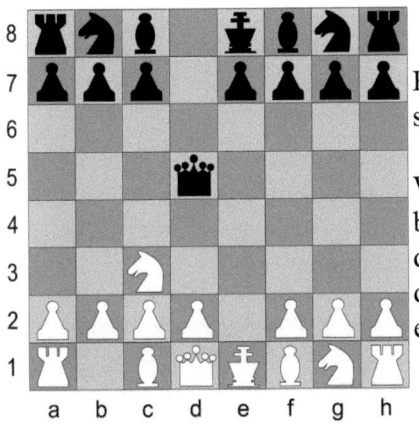

Ein Zug, zur schnelleren Entwicklung seiner Figuren als der Gegner.

Weiß zieht mit dem Springer vom Feld b1 auf das Feld c3. Dadurch greift Weiß die schwarze Dame an. Schwarz muss die Dame wegziehen, also hat Weiß einen Tempogewinn gemacht.

12. Tempoverlust

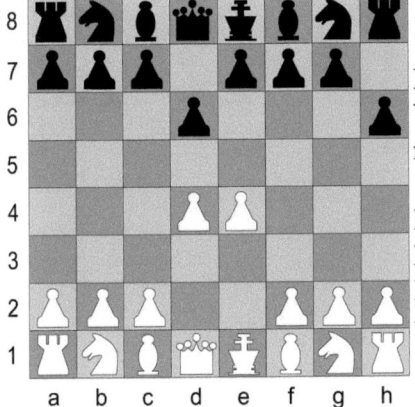

Ein Zug, der nicht zur Entwicklung bzw. Verbesserung der Stellung seiner Figuren beiträgt.

Der schwarze Zug vom Bauer vom Feld h7 auf das Feld h6 bringt rein gar nichts. Deshalb spricht man hier vom Tempoverlust für Schwarz.

13. **Entwickle deine Figuren so, dass sie nicht von den gegnerischen Figuren verjagt werden können.**

14. **Die Dame sollte man nicht zu früh ziehen. Wenn doch, dann am besten nach e2 bzw. e7.**

15. **Den Springer nicht an den Rand ziehen.**

16. **Nicht nur einen Zug, sondern in mehreren Zügen voraus denken. Auch die des Gegners. Also: Immer erst überlegen, dann ziehen!**

Ich wünsche Ihnen viel Spaß und viel Erfolg beim Schachspielen!

Schach lernen - Schach für Anfänger: Die Eröffnung

Nachdem Sie die Schachregeln erlernt haben, ist es natürlich sinnvoll, sich jetzt mit der Schacheröffnung vertraut zu machen.

Ich möchte mit diesem Buch den Schachanfänger in die Materie der Schacheröffnung einführen. Die wichtigsten Eröffnungen werden mit zahlreichen Diagrammen dargestellt. Der Schachanfänger soll die Eröffnung ohne grobe Fehler erfolgreich gestalten.

ISBN: 978-3-7392-0447-5
Format: 21 x 14,8
Seiten: 116
Verlag: BoD – Books on Demand
Auflage: 3
Erschienen: 2022
Einband: Paperback

Die neusten Auflagen sind immer bei shop.schach-lernen.de erhältlich.

Schach lernen - Schach für Anfänger: Das Mittelspiel

Wie erreiche ich in einen Vorteil gegenüber meinem Gegner? Wie vermeide ich eine eigene Schwächung? Wir müssen einen Plan entwickeln, dies ist im Schach sehr wichtig und unentbehrlich.

Deshalb sind die Kombinationen, vorausberechneter Züge, so wichtig. Mit diesen kann man einen Vorteil erlangen, über Materialgewinn bis hin zum Schachmatt, oder, wenn man sie nicht kennt, einen Nachteil erlangen.

ISBN: 978-3-7392-0450-5
Format: 21 x 14,8
Seiten: 72
Verlag: BoD – Books on Demand
Auflage: 3
Erschienen: 2022
Einband: Paperback

Die neusten Auflagen sind immer bei shop.schach-lernen.de erhältlich.

Schach lernen - Schach für Anfänger: Das Endspiel

In diesem Teilbereich des Schachspiels sind nur noch wenige Schachfiguren auf dem Brett. Der König, bisher passiv, übernimmt jetzt eine aktivere Rolle. Der König unterstützt seine eigenen Figuren und greift an.

Normalerweise hat jetzt ein Spieler einen Material- oder Stellungsvorteil erreicht. Dieser versucht nun den Gegner matt zusetzen. Hat man noch Bauern, versucht man einen Bauer auf die Grundlinie des Gegners zu bringen und in eine Dame umzuwandeln.

ISBN:	978-3-7392-0451-2
Format:	21 x 14,8
Seiten:	128
Verlag:	BoD – Books on Demand
Auflage:	3
Erschienen:	2022
Einband:	Paperback

Die neusten Auflagen sind immer bei shop.schach-lernen.de erhältlich.

Schach lernen - Schach für Anfänger: Das Standardwerk

Mit diesem Buch lernen Sie die Grundregeln des Schachspiels. Danach geht es weiter mit den verschiedenen Teilbereichen des Schachspiels: Über die Eröffnung, dem Mittelspiel bis zum Endspiel. Übungen am Ende jeden Kapitels helfen das Gelernte zu festigen.

Dieses Buch ist ideal für Anfänger und für Hobbyspieler, die die Regeln kennen, aber ihr Spiel verbessern wollen. Zum leichteren Verständnis wird jeder einzelne Zug der Schachfiguren in Diagrammen dargestellt.

ISBN Softcover:	978-3-7386-5389-2
ISBN Hardcover:	978-3-7386-5390-8
Format:	21 x 14,8
Seiten:	372
Verlag:	BoD – Books on Demand
Auflage:	3
Erschienen:	2022

Die neusten Auflagen sind immer bei shop.schach-lernen.de erhältlich.